译文经典

疾病的隐喻
Illness as Metaphor
& AIDS and Its Metaphors
Susan Sontag

〔美〕苏珊·桑塔格 著

程巍 译

上海译文出版社

译者卷首语

本书有一个主角,那就是"疾病隐喻",但它却是一个反角。本书是一本文集,为两篇篇幅很长的批评文字(作者自己有时称之为"小书")之合集。之所以合为一集,是因为它们的主角是同一个。《作为隐喻的疾病》(*Illness as Metaphor*)最初连载于《纽约书评》(一九七八年一月二十六日、二月九日、二十三日),后略作修改,由纽约的法拉尔-斯特劳斯-古鲁出版社于同年出版。《艾滋病及其隐喻》(*AIDS and Its Metaphors*)由同一家出版社于一九八九年出版。此合集由纽约达博迪出版社于一九九〇年一月出版。虽然两篇论文的写作和发表在时间上相隔近十二年,但主题及处理方式相同,都是考察疾病(尤其是传染性流行病,如结核病、麻风病、梅毒、艾滋病,及恶性的肿瘤病,如癌症)如何被一步步隐喻化,从"仅仅是身体的一种病"转换成一种道德评判或者政治态度,一种疾病的隐喻又如何进入另一种疾病的隐喻。

作者苏珊·桑塔格(Susan Sontag)女士在发表于一九六四年的文章《反对阐释》中曾把"意义的世界"称为"影子的世界",而她通过眼下这两篇文章所要做的是将鬼魅般萦绕在疾病之上的那些隐喻影子进行彻底曝光，还疾病以本来的面目——以她自己的话说，是"把那种具有堂吉诃德色彩和高度论辩性的'反对阐释'策略运用到了真实世界，运用到了身体上"，为的是"平息想象，而不是激发想象。不是去演绎意义，而是从意义中剥离出一些东西"。可以说，构成姊妹篇的这两篇文章是米歇尔·福柯所倡导的知识考古学的具体而微的实践。它们写于二十世纪六十年代的激进政治运动业已偃旗息鼓之后的七八十年代，共和党人里根和保守党人撒切尔夫人的所谓"新保守主义"时代，经济学家弗里德里希·哈耶克的所谓"自由市场"时代。像历史上所有中途受挫的政治激进运动一样，未完全耗尽的革命能量被迫转入象征领域的斗争，即从街头转入书斋。然而，激进派很快意外地发现，原来象征领域的斗争远比街垒战更加大有可为、更加触及根本（其实也更安全）；此外，他们越来越陶醉于革命联动效应的幻想，仿佛只要一砖一瓦地拆除了象征领域这座顽固的作为基础的堡垒，那么具有压迫性的权力秩序就会随之轰然坍塌，公正而自由的世界就将来临。他们从经济基础领域退入上层建筑领域，从现实政治领域退入文化象征领域，却又把马克思的"经济基础/上层建筑"的模式作了一番修改，变换成以福柯为其代表人物的那种"权力/话语"模式，作为利器带进了文化象征领域。这样，象征秩序被设想为权力秩序的基础。他们绝不是布朗基那一类身着黑色披风的革命密谋家，而是革命的鼹鼠：他们在象征领域的历史地层深处四处打洞，到处啮噬权力等级制的大树盘根错节的根茎，直至地面上的大树因象征水分和合法性养分的枯竭而衰萎败落。

长期从事文艺批评和小说创作的桑塔格之所以突然对疾病隐喻产生兴趣，有其个人体验。她曾身患癌症，在持续数年的治疗中，她不仅得忍受疾病本身带来的痛苦，而且更得承受加诸疾病之上的那些象征意义的重压。在她看来，后一种痛苦远比前一种痛苦致命，因为它以道德评判的方式使患者蒙受羞辱。《作为隐喻的疾病》发表于桑塔格癌症康复之后，而当二十世纪八十年代末艾滋病成为一种新流行病时，桑塔格从中发现了那些古老隐喻的幽灵重现，便又写下《艾滋病及其隐喻》。这两篇文章不是有关疾病的医学专业论文，而是有关疾病的意义和隐喻的文化批评论文（考虑到桑塔格反感那种高堂讲义式的论文，而更乐于使用片断式写作，"论文"一词并不是一个合适的名称），是日常生活的意识形态批判，或者说它们通过揭示附着在疾病之上的隐喻来揭示有关疾病（当然，不仅仅止于疾病）的那种隐喻性思考方式。正如桑塔格在书尾所说："使疾病远离这些意义、这些隐喻，似乎尤其能给人带来解放，甚至带来抚慰。不过，要摆脱这些隐喻，光靠回避不行。它们必须被揭示、批评、细究和穷尽。"因而，患者及其亲友、道德家、医生、卫生官员、意识形态家、诗人、小说家以及其他普通读者,将带着不同的心情阅读这本书。他们中有些是疾病隐喻的制造者,有些是利用者,有些是传播者,还有一些,则是受害者。

这两篇文章当初之所以不是发表在诸如《柳叶刀》之类的专业医学刊物上,是因为它们的潜在读者不仅仅是医学圈子中人。毫无疑问,大规模的传染性流行病不仅是一个医学事件,而且被当作是一个文学事件,一个道德事件,一个政治事件,此外,还是一个经济事件。刚刚过去(它还会回来吗?顺便说一句,译者翻译此书时,适逢SARS肆虐北京,而本书为译者观察流行性传染病的社会层面,提供了一个有启发性的视角)的SARS,像是历史上任何一场大规模传染病的重演,那是一系列的戏剧——只不过,在一个科学已发展到足以准确预测一颗与地球遥隔霄汉的彗星到达地球的确切时间的时代,一个想当然地认为一切大规模传染性流行病一去不返的时代,SARS病毒却像一个来去无踪的幽灵,这强化了它的神秘性,而神秘性正是隐喻的滋生地。同时,这个科学至上的时代,又是一个强调可控制性的时代,因而对那些似乎不可控制的东西奇特地显示出一种非科学的态度。

一方面是竭力清除歧义的科学性思维,一方面是竭力寻找意义的隐喻性思维:前者试图创造一个只有事实的世界(陀思妥耶夫斯基曾以一八五一年伦敦世界博览会的玻璃大展厅为喻,称之为"无人居住的水晶宫"),后者却试图以一个意义世界（宗教、道德、文学等）来取代这个事实世界。当然，"两种文化"之间的分裂，并非是近来才有的一个现象。两者的分裂可追溯到十八世纪后期英国工业革命时代，到十九世纪初的浪漫主义时代，这两种文化就分别找到了各自最雄辩的意识形态家。然而，"两种文化"的分裂的背后，是两个阶级之间的分裂，是贵族与资产阶级之间的分裂。在与资产阶级进行的政治领导权和经济领导权的争夺战相继失利以后，贵族发现自己的真正社会优势在于"文化修养"，尽管这种修养仍旧是贵族自身阶级的美学理想和伦理寄托，充满了种种从道德和美学上贬低其他阶级的等级制陈见，但为了赢得与资产阶级争夺文化领导权的战争，它却以普世主义的面目出现，而不那么有阶级意识的人或处于政治无意识状态的人就把这些陈见当作了不言自明的东西加以接收，他们脑袋里大抵就塞着诸如此类的陈词滥调。于是，结核病成了具有贵族色彩的浪漫病，而痛风则成了资产阶级的病，更不用提中风和癌症了，仿佛疾病也具有了阶级性和不同的美学等级（疾病当然有阶级性，但这只不过是经济方面的阶级性的医学表现，与道德、美学方面的阶级性不是一回事，却偏偏被认为是一回事）。但疾病隐喻还不满足于停留在美学和道德范畴，它经常进入政治和种族范畴，成为对付国内外反对派、对手、异己分子或敌对力量的最顺手的修辞学工具。

桑塔格曾就"两种文化"的分裂写过一篇著名的文章《一种文化与新感受力》（见其文集《反对阐释》之最后一篇）。从文化史的角度看，从《反对阐释》到《一种文化与新感受力》这一系列文章可以说构成了资产阶级文化向贵族文化夺回领导权的宣言文字，是一直被拖延了近两个世纪的一场文化战争在二十世纪六十年代的决战。具有历史反讽意味的是，桑塔格那一代中产阶级的孩子们自认为是资产阶级的不肖之子，而且也的确为其资产阶级父辈们所深恶痛绝，但他们所完成的历史事业其实是当初老资产阶级革命的未竟之业，那就是为资产阶级夺取文化领导权。以多元化的新感受力对付"惟一的一种阐释"，或者说以"反文化"（罗扎克语）对付"文化"，就是以文化民主制对付文化等级制。资产阶级文化不是它自以为的前现代文化，而是后现代文化，前者的等级制显然与资本主义政治领域的自由主义、经济领域的自由市场处在非同质状态。老资产阶级把前现代文化当作资产阶级自身的文化，犯了一个历史错误，落入了被它取代的那个阶级（贵族）布置下的一个圈套。尽管六十年代中产阶级孩子们的造反似乎是在造老资产阶级的反，但老资产阶级不过是"高级文化"（谁都知道这指的是什么）的一个无意识的代理人而已。

《作为隐喻的疾病》和《艾滋病及其隐喻》是六十年代那一场文化大战沉寂后乱糟糟的战场上出现的那种零星的追

逐战。"文化"这支庞大的军队遭到了大溃败,可它的散兵游勇却仍四处滋扰。桑塔格选择"疾病隐喻"作为自己穷追猛打的对象,一直将它们撵到了其出发地。这种零星的追逐战远比那种大规模的阵地战更需要耐心,更需要洞察秋毫的眼力,也更容易失去目标,因为这是桑塔格在某个时候所说的那种"一头扎进去的批评"。我们可以看见,在这片大局已定的战场上,到处都有这种大大小小的追逐战,雷蒙·威廉斯和特雷·伊格尔顿追击"英国文学",罗兰·巴特追击"资产阶级写作",萨义德追击"东方主义",福柯则四处追击……这些,构成了关于历史的无数的小叙事,使以前那种单一的大叙事再也难以取信于人。大叙事只是一种世俗神话,是权力压迫集团的政治修辞学(意识形态),同时也是被压迫集团的政治修辞学(乌托邦)。正因为如此,一旦昔日的被压迫集团获得了权力,它就成了一个既得利益集团,显然,到这个时候,当初的乌托邦就与这个集团自身的利益开始发生冲突,于是,就出现了一种不伦不类的方案:一方面,它仍试图从当初的乌托邦那儿获得一种来源于历史却已快耗尽的合法性;另一方面,为了既得利益,它又不得不把曾经被自己驱逐掉的那种意识形态偷偷塞进乌托邦的空壳中。它惊恐地发现自己处在一种矛盾的因而脆弱的政治修辞学中。要想让别人相信连它自己都不相信的东西,它显然就不能利用劝说,而只能利用催眠术。词与物、现象与本质在这里发生了两次分裂,以致词越走越远,再也找不到物,而现象再也不是本质的再现,而成了一些语言泡沫。从这种意义上说,语言不是用来说明什么的,而是用来掩盖什么的。

正是这些层出不穷的小叙事,才使六十年代的那种宣战式的大文章获得了一种历史的深度。历史,曾经被六十年代的反叛者们视为一道深渊,里面埋葬着无数沉默的死者,而它的上方则是一座用大理石构筑的辉煌的教堂。它的合法性、正义性和自我正确性建立在他人的不合法、非正义和荒谬上,而评价他人不合法、非正义和荒谬的尺度正好是它自身的合法性、正义性和自我正确性。这是一种循环论证法,它诉诸人们的政治无意识,而且有意识地培养人们的政治无意识(或者说,非常理性地培养人们的非理性)。按弗里德里克·詹姆逊的说法,批评出现在现象与本质发生偏离的时刻。当桑塔格在《艾滋病及其隐喻》的开篇引述亚里士多德关于"隐喻"的定义("隐喻,是指以他物之名名此物")时,她想表达的正是同一种意思。正如隐喻是以他物之名取代此物,现象与本质之间的分裂也常常是以现象取代本质。隐喻性思维和神话性思维只是同一种思维的不同名称而已。

《作为隐喻的疾病》和《艾滋病及其隐喻》正是这样的小叙事,它们的目标正是一切真正的批评的目标:使词重新返回物,使现象重新返回本质。

目 录

篇一

作为隐喻的疾病 …………………… 001

篇二

艾滋病及其隐喻 …………………… 091

译后记 …………………………… 187

篇一

作为隐喻的疾病

献给罗伯特·希尔维斯

引　子

疾病是生命的阴面，是一重更麻烦的公民身份。每个降临世间的人都拥有双重公民身份，其一属于健康王国，另一则属于疾病王国。尽管我们都只乐于使用健康王国的护照，但或迟或早，至少会有那么一段时间，我们每个人都被迫承认我们也是另一王国的公民。

我并不想描述移民疾病王国并在那里生活到底是怎么一回事，只想描述围绕那一处境所编造的种种惩罚性的或感伤性的幻象：不是描绘这一王国的实际地理状况，而是描绘有关国家特征的种种陈见。我的主题不是身体疾病本身，而是疾病被当作修辞手法或隐喻加以使用的情形。我的观点是，疾病并非隐喻，而看待疾病的最真诚的方式——同时也是患者对待疾病的最健康的方式——是尽可能消除或抵制隐喻性思考。然而，要居住在由阴森恐怖的隐喻构成道道风景的疾病王国而不蒙受隐喻之偏见，几乎是不可能的。我写作此文，是为了揭示这些隐喻，并藉此摆脱这些隐喻。

1

两种疾病一直以来都引人注目地同样为隐喻修饰物所复杂化,这就是结核病和癌症。①

结核病在十九世纪②所激发出来的和癌症在当今所激发出来的那些幻象,是对一个医学假定自己能够包治百病的时代里出现的一种被认为难以治愈、神秘莫测的疾病——即一种人们缺乏了解的疾病——的反应。这样一种疾病,名副其实地是神秘的。只要这种疾病的病因没有被弄清,只要医生的治疗终归无效,结核病就被认为是对生命的偷偷摸摸、毫不

---

① 桑塔格此文的目的是揭示有关结核病和癌症的那些流行的隐喻性描绘,但对那些不怎么熟悉医学的读者来说,若能提供有关这两种疾病的纯科学性或纯描述性的定义,与其形成对照,那更能体现隐喻性描绘与非隐喻性描述之间的差别。为此,兹引《辞海》(一九七九年版)对"肺结核"和"癌症"的医学的或者非隐喻性的定义如下:
"结核病,俗称'痨病'。结核杆菌引起的传染病。多由呼吸道感染,偶见消化道感染。病理特征为结核形成和干酪样病变。肺结核最为常见,其他组织或器官,如淋巴结、胸膜、腹膜、脑膜、心包膜、肠、骨、关节、泌尿生殖器官、皮肤等都可患本病。早期无明显症状,病情进展时,除全身症状如疲乏、食欲不振、清瘦、潮热等外,还有病变器官的局部症状。极少数经淋巴、血行播散而发生粟粒性结核病,有高热及毒血症等症状。采用抗结核药(异烟肼、链霉素、对氨水杨酸、利福平、乙胺丁醇等)和必要的手术治疗有效。预防采取卡介苗接种、早期发现(包括家畜检疫)、早期治疗和隔离消毒等措施。"
癌症(《辞海》相应条目作"癌瘤"),"简称'癌'。由上皮细胞所形成的恶性肿瘤,占所有恶性肿瘤的绝大多数。常见的有鳞状细胞癌、腺癌、未分化癌、基底细胞癌等。多发生于胃肠道、肝、肺、子宫颈、乳腺、鼻咽、皮肤等处。转移途径多数通过淋巴管,少数则经血流。转移部位:一般先至局部淋巴结,晚期可转移到远处器官,如肺、肝、骨、脑等。根据癌瘤的性质、部位和有无转移,采用各种治疗方法,包括手术、放射、药物等。早期诊断和早期治疗极为重要。"——译者
② 由于此文和后面那篇文章分别写于一九七八年和一九八九年,所以作者在文中说到"上个世纪"时,指的是十九世纪,为避免误解,凡出现"上个世纪",译者一律改为"十九世纪",凡出现"这个世纪",一律改为"二十世纪",凡出现"这个国家",一律改为"美国"。——译者

留情的盗劫。现在,轮到癌症来成为这种不通报一声就潜入身体的疾病,充当那种被认为是冷酷、秘密的侵入者的疾病角色——它将一直充当这个角色,直到有一天,像当初的结核病一样,其病因被查明,其治疗方法变得有效。

尽管疾病的神秘化方式被置于新的期待背景上,但疾病(曾经是结核病,现在是癌症)本身唤起的是一种全然古老的恐惧。任何一种被作为神秘之物加以对待并确实令人大感恐怖的疾病,即使事实上不具有传染性,也会被感到在道德上具有传染性。因此,数量惊人的癌症患者发现他们的亲戚朋友在回避自己,而自己的家人则把自己当作消毒的对象,倒好像癌症和结核病一样是传染病。与患有一种被认为是神秘的恶疾的人打交道,那感觉简直就像是一种过错;或者更糟,是对禁忌的冒犯。光是这些疾病的名称就似乎具有一种魔力。在司汤达《阿尔芒斯》(一八二七)中,男主人公的母亲拒绝说"结核病",因为她担心一旦说出这个词,儿子的病情就会迅速恶化。卡尔·梅宁格也发现(见其《活力平衡》)"单是'癌症'这个字眼儿,据说就能杀死那些此前一直为恶疾所苦、却尚未被它(立刻)压垮的病人"。他作出这番评论,是为了支持在当代医学和精神病学中大行其道的那些具有反智色彩的虔信态度以及廉价的怜悯。"患者之所以找我们,是因为他们遭受疾病之苦,感到灰心丧气而又无能为力。"他接着说,"他们不想被贴上那种使人身败名裂的标签,他们当然有这个权利。"梅宁格医生建议医生们不妨丢开"名称"和"标签"（"我们的作用是帮助这些病人，而不是加重他们的痛苦。"）——而这实际上可能强化了疾病的神秘性和医学的权威性。不是如此这般的命名行为，而是"癌症"这个名称，让人感到受了贬抑或身败名裂。只要某种特别的疾病被当作邪恶的、不可克服的坏事而不是仅仅被当作疾病来对待，那大多数癌症患者一旦获悉自己所患之病，就会感到在道德上低人一头。解决之道并非是对癌症患者隐瞒实情，而是纠正有关这种疾病的看法，瓦解其神秘性。

仅仅几十年前，一旦获悉某人患了结核病，就无异于听到了他的死刑判决——正如当今，在一般人的想象中，癌症等同于死亡——人们普遍地对结核病人隐瞒他们所患之病的真相，在他们死后，又对他们的子女进行隐瞒。即便对那些已获悉自己病情的患者，医生和患者家属也有顾虑，不想多谈。"人们并未明确告诉过我什么，"卡夫卡一九二四年四月从疗养院（两个月后，他死于该疗养院）写信给一位朋友说，"因为一谈到结核病……每个人的声音都立刻变了，嗓音迟疑，言辞闪烁，目光呆滞。"隐瞒癌症病情的惯例甚至更为牢固。在法国和意大利，医生们仍坚持这一成规，即向癌症患者家属通报癌症诊断结果，但对患者本人却讳莫如深；医生们认为，除了那些极其明事理、知天命的患者外，其他癌症患者全都承受不了真相（一位顶尖的法国肿瘤专家告诉我，在他的癌症患者中，只有不到十分之一的人知道自己患的是癌症）。在美国——部分原因是医生们担心因治疗失当而招惹官司——如今对患者要坦率得多，但这个国家最大的肿瘤医院在给门诊病人寄常规通知和账单时，却不在信封上注明寄信人，其假设的理由是病人可能不想让家里人知道自己所患何病。因为一旦患上癌症，就可能被当作一桩丑事，会危及患者的性爱生活、他的晋升机会，甚至他的工作，所以知道自己患了癌症的人对自己所患之病即使不是三缄其口，也往往表现得极为谨慎。一九六六年通过的联邦法律《知情权法案》将"癌症治疗"作为不得公之于众的事项列入排除条款，因为这些事项一旦公之于众，就可能"无端侵犯个人隐私"。癌症是该条款提到的惟一一种疾病。

对癌症患者撒谎，以及癌症患者自己撒谎，所有这些，都证明在发达工业社会里人们多么难以正视死亡。既然死亡现在成了一个毫无意义、令人反感的事件，那么，被普遍认为是死亡同义语的那种疾病当然就被当作某种需要加以遮掩的东西。对癌症患者隐瞒其所患之病的性质的政策，反映出这一信条，即最好不要让将死之人知道他们将死的消息，所谓好死就是猝死，要是死亡是发生在我们处于无意识状态或睡眠状态时，那就最好不过。然而，当代对死亡的拒斥，并不能解释人们撒谎的程度，亦不能解释人们为何希望他人对自己撒谎；它没有触及最深处的恐惧。患冠状动脉血栓症的人有可能要拖上若干年才死于下一次的病情发作，这就如同患癌症的人有可能在短时间内就死于癌症。但没有人会考虑对心脏病人隐瞒病情：患心脏病没有什么丢人的。人们之所以对癌症患者撒谎，不仅因为这种疾病是（或被认为是）死刑判决，还因为它——就这个词原初的意义而言——令人感到厌恶：对感官来说，它显得不祥、可恶、令人反感。心脏病意味着身体机能的衰弱、紊乱和丧失；它不会让人感到不好意思，它与当初围绕结核病患者并至今仍围绕癌症患者的那种禁忌无关。从加之于结核病和癌症之上的这些隐喻，可以看出一类特别能引起共鸣的、令人恐惧的隐喻的实施过程。

2

在结核病和癌症的历史的大部分时间里，对它们的隐喻性使用是交叉的和重叠的。据《牛津英语辞典》，"consumption"（消耗）一词最早被当作肺结核同义词使用的时间，可追溯到一三九八年（特里维萨的约翰说："当气血亏损时，随之而来的便是肺痨和衰弱。"）。[1] 不过，对癌症的前现代理解也引发了"消耗"这一观念。《牛津英语辞典》收录了癌症的早期修辞性定义，即"任何缓慢地、悄悄地侵蚀、损伤、腐蚀和消耗

---

[1] 戈德弗洛瓦《古法语辞典》引贝尔纳·德·戈登《实验》（一四九五）中的一句话："痨者，乃使全身销蚀之肺部溃疡也。"

身体的疾病"（托马斯·佩内尔于一五二八年写道："瘤子是侵吞身体各部分的阴郁的脓肿。"）。癌症最早的描述性定义把癌症说成是瘤子、疙瘩或者肿块，而对癌症的命名——来自希腊语的 karkinos 和拉丁语的 cancer，其意都是 crab（"蟹"）——据盖伦说，灵感来自肿瘤暴露在外的肿大血管与蟹爪酷似，而不像许多人所认为的那样，是因为转移性疾病的活动状态类似于蟹的爬行或移动。但词源学显示，结核病也曾一度被视为一种不正常的突起：结核病这个词——来自拉丁语的 tūberculum，为 tūber, bump, swelling 的小词——意思是指病态肿胀、肿块、突起或瘤子。① 于十九世纪五十年代创立细胞病理学的鲁道夫·菲尔绍认为结核是瘤子。

因而，从古代末期一直到不久以前，结核病——从类型上说——就是癌症。像结核病一样，癌症也被描述为身体被消耗的过程。直到细胞病理学创立后，才出现关于这两种疾病的现代定义。只有借助显微镜，才可能掌握癌症的区别性特征，知道它是一种细胞活动，并不一定显现为外部的或甚至明显的肿块（在十九世纪中期以前，白血病一直未被当作癌症）。直到一八八二年之后，即结核病被发现是一种细菌感

---

① 《标准法语辞典》也给出了相同的词源。"La tubercule"在十六世纪由安布洛瓦兹·帕尔从拉丁语 tūberculum 引入法语，意思是"petite bosse"（小肿块）。在狄德罗《百科全书》中，结核病词条（一七六五）套用了英国医生理查德·莫顿在《痨病学》（一六八九）给结核病下的定义："身体表面出现的小肿块。"在法语中，身体表面所有的小肿块都一度被称为"tubercules"；只有在柯赫发现了结核杆菌之后，这个词的使用范围才受到限制，等同于我们今天所说的结核病。

染之后,才可能把癌症从结核病中区分开来。医学思维的这些进展,使有关这两种疾病的那些主要隐喻真正区别开来,大部分还形成了对照。至此,有关癌症的现代幻象才得以开始形成——自二十世纪二十年代始,这一有关癌症的幻象陆续承继了当初为结核病幻象所戏剧化了的大部分问题,但看待这两种疾病及其症状的方式却非常不同,差不多是对立的。

※ ※ ※

结核病被视为某个器官的病,即肺部的病,而癌症却被视为一种能够出现在任何一个器官的病,其发病的范围可以是全身。

结核病被视为症状对比极为突出的病:苍白与潮红,一会儿亢奋,一会儿疲乏。该病的阵发性过程可从咳嗽这个被认为是结核病的典型症状中看出来。患者痛苦地咳完后,又疲乏地回复到原来的状态,缓过气来,正常呼吸;然后,又咳开了。癌症却是一种增生性的疾病①(有时能看

---

① 原文是"a disease of growth",又可译作"肿瘤病"或"肿瘤性的疾病"("growth"除了常见的"增长"、"生长"等词义外,在医学上还指"肿瘤"或"赘生物"。此外,癌瘤的一个特征就是不断增长)。但作者在这里显然更强调癌症的表现形态,那种与结核病的间歇性特征形成对比的不断增长的形态,因此才会有后面的"反常"、"连续而平稳"一说;此外,在后面的章节里,作者还把癌症与强调"不断增长"的现代工业经济联系起来,使人意识到两种平行的"增长"神话,前者被认为是正常的增长(经济),后者被认为是反常的增长(肿瘤),但同时又认为前者的增长导致了后者的增长。——译者

得见，但更典型地是潜伏在体内），是那种反常的、最终导致死亡的增生，一种可被测量到的持续而平稳的增生。尽管有时候肿瘤的增长可以被遏制（缓解），但癌症并不带来那种据认为是结核病特征的矛盾行为的对比——亢奋的举止、热情的顺从。结核病人只是有时会显得苍白，但癌症患者的苍白却始终不变。

结核病使身体变得"透明"。作为标准的诊断手段，X光使人能看到自己的身体内部，通常是第一次看到——身体对自己变得透明了。很早以来，结核病就一直被认为有大量的可见症状（逐渐消瘦、咳嗽、疲乏、发烧），也可能会戏剧性地突然显现出来（手帕上的血），但对癌症来说，颇为典型的是，主要的症状都被认为是不可见的——直到癌症晚期，症状才显露出来，而这时一切都为时已晚。癌症这种疾病通常是偶然间发现的，或是在例行的身体检查中被查出来的，它可以在不显示任何可见症状的情况下就已发展到很严重的程度。人们只好把这个不透明的身体带到专家那儿，看看里面是否藏有癌瘤。患者所不能肯定的事，专家可以通过对从患者身体组织切下的切片进行分析来确定。结核病患者可以看到他们自己的X光片，或者甚至自己保存它们：《魔山》中那个疗养院里的患者们将他们的X光片揣在胸前的口袋里，带着四处走动。癌症患者则看不到他们的切片检查结果。

结核病曾经——至今也仍然——被认为能带来情绪高涨、胃口大增、性欲旺盛。在《魔山》中，对结核病患者进行食物疗法的一部分，是安排第二顿早餐，而患者们吃得津津有味。癌症却被认为严重削弱了患者的活力，使他变得食欲不振，或者毫无食欲。结核病被想象成能够催发性欲，并且能产生一种超凡的诱惑力。癌症却被认为是减退性欲的。结核病有这样的特点，即它的许多症状都是假象——例如表现出来的活力不过来自虚弱，脸上的潮红看起来像是健康的标志，其实来自发烧，而活力的突然高涨可能只是死亡的前兆（能量的这种喷涌总的说来是自毁的，而且也是毁人的：想想多克·霍利迪这个老西部传说吧，那个患结核病的枪手因疾病的痛苦折磨而失去了道德约束）。癌症的症状却非假象。

结核病是分解性的，发热性的和流失性的；它是一种体液病——身体变成痰、黏液、唾沫，直至最终变成血，同时也是一种气体病，是一种需要更新鲜空气的病。癌症却是蜕化性的，身体组织蜕变成硬物。艾丽丝·詹姆斯一八九二年死于癌症，在前一年所写的日记里，她谈到了"我乳房里的这种邪恶的花岗岩般的物质"。但这种肿块是活的，是一个有自己意志的胎状物。诺瓦利斯在一七九八年前后为自己的百科全书项目所撰写的条目中，把癌瘤与坏疽一起定义为"发育成熟的寄生物——它们生长，它们被繁殖，亦自我繁殖，有其自身结构、分泌物和食物"。癌症是恶魔般的妊娠。当圣哲罗姆写下"那个腹部隆起的人孕育着自己的死亡"这句话时，一定是想到了癌症。尽管结核病和癌症这两种疾病都表现为身体消瘦的过程，但结核病引起的体重减轻被认为大大不同于癌症引起的体重减轻。对结核病而言，患者是"被消耗掉的"，是被燃烧掉的，而对癌症来说，患者是被外来细胞"侵入"的，这些细胞大量繁殖，造成了身体机能的退化和障碍。癌症患者"枯萎"（艾丽丝·詹姆斯语）或者"萎缩"（威尔海姆·赖希语）。

结核病是一种时间病；它加速了生命，照亮了生命，使生命超凡脱俗。在英语和法语中，描绘肺痨时，都有"疾跑"（gallop）的说法。癌症与其说与节奏有关，还不如说是分阶段的：它（最终）是"有终点的"。癌症缓慢地、神不知鬼不觉地活动着：讣告中的标准委婉用语是说某人"久病不愈，溘然长逝"。对癌症特征的每一种描绘，都谈到它是缓慢的，因而它最初是被当作隐喻使用的。韦克利夫在一三八二年写道（自译《新约全书·提摩太后书》第 2 章第 17 节中一段话的译文）："他们的话如同癌瘤一样扩散。"① 在癌症的早期修辞

---

① 韦克利夫的英译原文为"The word of hem crepith as a Kankir"。不过，最权威的英文版《圣经》(詹姆斯王版)在译法上稍有不同，为"Their word will eat as doth a canker"（他们的话将像癌瘤一样侵蚀）。在《圣经》的两个主要中译本（和合本和普通话本）中，这句话被分别译作"他们的话如同毒疮，越烂越大"和"这些人的教导就像坏疽一样四处扩散"。从医学而非隐喻的角度说，"毒疮"、"坏疽"和"癌瘤"并非同一种东西。——译者

疾病的隐喻 | 015

性使用中,癌症被当作"懒散"或"懒惰"的隐喻。①从隐喻上看,癌症这种疾病与其说是时间的病,还不如说是空间的病或病状。它的主要隐喻暗示着一种地形学(癌瘤"扩散"或者"增生",或"散布";肿瘤通过外科手术被"切除"),而其最令人恐惧的后果,除死亡外,是对身体某个部分进行摘除或切除。

结核病通常被想象成一种贫困的、匮乏的病——单薄的衣衫,消瘦的身体,冷飕飕的房间,恶劣的卫生条件,糟糕的食物。这种贫穷景象,可能并不像《波希米亚人》中咪咪的阁楼那样真实;《茶花女》中的结核病人玛格丽特·戈蒂埃生活在奢华中,但其内心却感到无家可归。与此形成对照,癌症是中产阶级生活导致的病,一种与富裕、奢华相联系的病。富裕国家的癌症患病率是最高的,而癌症的高发率似乎被部分归因为富含脂肪和蛋白质的饮食,以及工业经济(它创造了富裕)所产生的有害气体。结核病的治疗要应对的是食欲增加,而癌症的治疗却要应对食欲不振和缺乏食欲。营养不良者大量进食——唉,却不见效果。而营养过剩者却不能进食。

---

① 如《牛津英语辞典》收录的关于"癌瘤"(canker)的一种早期修辞性用法:"懒散,这种致命的、极富传染性的癌瘤。"——T·帕尔弗雷曼写于一五六四年。谈到"癌症"(cancer,大约在一七〇〇年前后,这个词取代了原先的canker)时,埃德蒙·肯于一七一一年写道:"懒惰,这是一种癌症,它吞食了时间王子本来为崇高事物而耕种的东西。"

改变环境,被认为有助于结核病人的治疗,病人甚至能因此康复。有一种观点认为,结核病是一种湿病,是在潮湿昏暗的城市里产生的病。身体内部变得潮湿("肺里有湿气"是一种常用的说法),必须弄干。医生们建议病人去那些地势高、空气干燥的地方——大山、沙漠。但对癌症患者来说,即使改变环境,也被认为毫无助益。战斗发生在一个人身体内部。越来越多的人认定,或许,环境中存在着某种致癌的东西。一旦患上癌症,患者就不可能通过迁到更好的(这就是说,不那么有致癌性的)环境来逆转癌症病情或治愈癌症。

结核病被认为相对来说不那么痛苦。癌症却一律被认为是苦不堪言的。结核病被认为提供了一种从容的死法,而癌症却被认为提供了一种骇人的痛楚的死法。一百多年来,人们一直乐于用结核病来赋予死亡以意义——它被认为是一种有启迪作用的、优雅的病。十九世纪文学中充满了对结核病患者的那种几乎不显示任何症状、不使人觉得恐怖的、极乐世界般的死的描写,尤其是那些死于结核病的年轻人,例如《汤姆叔叔的小屋》中的小爱娃、《董贝父子》中董贝的儿子保罗以及《尼古拉斯·尼克尔贝》中的斯迈克,而狄更斯则把结核病描绘为一种使死亡变得"优雅"的"令人肃然起敬的疾病":

> 就其更大的方面而言……心灵与肉体的这种搏斗如此一步步展开,如此平静,如此庄严,而其结局又是如

此确定无疑,以致肉体部分一天天、一点点地耗费、凋零,而精神却因身体负担的变轻而越发变得轻盈、欣悦……①

请对比一下结核病人崇高的、平静的死与托马斯·沃尔夫《时间与河流》中尤金·冈特的父亲以及伯格曼的电影《哭泣与耳语》中的妹妹这些癌症患者的卑贱、痛苦的死。当描绘垂死的结核病人时,就把他们塑造得更美丽、更真诚,而当刻画垂死的癌症患者时,就尽数剥夺了他们自我超越的能力,让他们被恐惧和痛苦弄得毫无尊严。

※ ※ ※

这些对比,取自有关这两种疾病的流行神话。当然,许多结核病人死得非常痛苦,而许多癌症患者直到生命终结也很少感到或几乎没有感到痛苦;患结核病和癌症的人中既有穷人,也有富人,而且也不见得每一个患结核病的人都咳嗽。然而,这种神话却仍然流行。这并不只是因为肺结核是最常见

---

① 将近一个世纪后,约翰·米德尔顿·默雷在为凯瑟琳·曼斯菲尔德死后发表的《日记》所写的"编者的话"中,使用了相似的语言来描绘曼斯菲尔德生命的最后一天:"我从来也没有看见过,将来也不会再看见,像她这样美丽的人在最后日子里的情形,似乎她一直拥有的那种精致的完美此刻完全笼罩了她。用她自己的话说,最后一点'沉渣',凡世生活的最后的'痕迹',彻底离她而去。她失去了生命,却拯救了它。"

的结核病，人们因此就把结核病想象为某一器官的病，与癌症不同。而是因为有关结核病的神话并不适合脑、喉、肾、脊椎以及其他一些部位，尽管结核杆菌同样能分布在这些部位，但它却特别适合那种与肺部有关的关于结核病的传统想象（呼吸、活力）。

肺部是位于身体上半部的、精神化的部位，在结核病获得被赋予这个部位的那些品质时，癌症却在攻击身体的一些令人羞于启齿的部位（结肠、膀胱、直肠、乳房、子宫颈、前列腺、睾丸）。身体里有一个肿瘤，这通常会唤起一种羞愧感，然而就身体器官的等级而言，肺癌比起直肠癌来就不那么让人感到羞愧了。现在，一种非肿瘤形式的癌症出现在商业电影里，取代了结核病曾经包揽的那个角色，成了夺去年轻人生命的罗曼蒂克的病（埃里奇·西格尔《爱情故事》中的女主人公不是死于胃癌或乳腺癌，而是死于白血病——对这种"白色的"或类似结核病的疾病，外科手术对它无能为力）。①

---

① 白血病，俗名"血癌"，是一种造血系统的恶性增生性病变，特点为白细胞异常增生并浸润全身各组织。常见症状有贫血，出血，发热，晕眩，虚弱，肝、脾和淋巴结肿大等。该病一般并不伴有可见的身体变形，而是活力的减弱。由于当代欧美文化通常并不把"柔弱"作为女性理想美的因素之一，因而《爱情故事》可能是碰巧选择了白血病，作为女主人公的致命性疾病。这与十九世纪欧美文学中常常把结核病当作故事主人公的致命性疾病一样。然而，不管怎样，结核病在十九世纪的确是一种常见的流行病，而白血病却并非一种常见病。但东亚国家却把白血病（部分因为结核病已成为一种可被治愈的疾病，因此不再具有致命性）当作文学艺术中的一种高发的常见病，仿佛年轻的女主人公若要患上一种致命性的疾病的话，那一定是白血病，这几乎成了一种套路，如日本电视连续剧《血疑》和韩国电视连续剧《蓝色生死恋》、《泡沫爱情》等中的女主人公。这与东亚国家看待女性理想美的传统方式有关，即把"柔弱"作为理想女性美的一个方面，而白血病恰恰能提高这种柔美的意象。另外，（转下页）

从隐喻的角度说，肺病是一种灵魂病。[1] 作为一种袭击身体任何部位的疾病，癌症是一种身体病。它根本显示不出任何精神性，而是令人痛惜地显示身体不过就是身体罢了。

这些幻象之所以盛行，是因为结核病和癌症不只是被当作了通常具有（或曾经具有）致命性的疾病。它们被等同于死亡本身。在《尼古拉斯·尼克尔贝》中，狄更斯把结核病称作

> 死亡与生命如此奇特地融合在一起的疾病，以致死亡获得了生命的光亮与色泽，而生命则染上了死亡的忧郁和恐怖；药石于它无能为力，财富也奈何不了它，而贫穷夸口说能幸免于它……

卡夫卡在一九一七年十月致马克斯·勃罗德的信中说，他已"逐渐认识到结核病……并不是一种特别的病，或者不是

（接上页）值得注意的是，《爱情故事》中的女主人公是一个相貌平平的年轻女子，因而白血病并没有和"美"的意象重叠在一起，因而给人的感觉是痛苦的，而《血疑》和《蓝色生死恋》、《泡沫爱情》中的女主人公却都是非常美丽的年轻女子——美丽而柔弱，这是一种东方传统的理想女性美，尽管导致柔弱的因素是一种疾病，但一旦与美结合在一起，就变得不那么可怕了，成了一种罗曼蒂克的病，给人的感觉与其说是痛苦，还不如说是感伤。女主人公的美净化了白血病，而仅以柔弱为症状（指这些作品中所表现的那种症状）的白血病则净化了女主人公的灵魂，使其更为超凡脱俗。——译者

[1] 龚古尔兄弟在他们的小说《格维塞夫人》（一八六九）中，把结核病称作"人类的高尚的、高贵的部位的病"，与它形成对比的是"身体的粗野的、卑贱的器官的病，它们只会阻碍和污染患者的心灵……"。在托马斯·曼的早期小说《瞿斯坦》中，那位年轻的妻子患有气管结核病："……是气管，而不是肺部，感谢上帝！如果是肺部的话，那么，很难说这位新病人是否还能够像现在这么纯洁、优雅，那么超凡脱俗，此刻，她靠在一张朴素的绘有白漆图案的扶手椅里，旁边站着她笨拙的丈夫，她倾听着谈话。"

一种应该享有一个特殊名称的病,而不过是强劲的死亡细菌……"。癌症引起类似的思考。格奥尔格·格罗德克在《它之书》(一九二三)一书中就癌症提出的非同一般的看法,预示了威尔海姆·赖希后来的观点。格罗德克写道:

> 就癌症提出的所有那些理论中,其中只有一种在我看来经历了时间的检验,这就是癌症经历数个确定的阶段后导致死亡。我的意思是说,癌症是致命的。从这里你们会得出结论说,我对是否会出现新的治疗癌症的方法不抱指望……[只]看到了许多所谓的癌症病例……

尽管在癌症治疗方面已取得进展,但许多人仍坚持格罗德克所划定的那个等式:癌症 = 死亡。不过,围绕结核病和癌症的那些隐喻暴露出了众多有关疾病的观念以及这种观念是怎样从十九世纪(结核病是这个时期最普遍的死因)向二十世纪(癌症是这个时期最恐怖的疾病)演化的。浪漫派以一种新的方式通过结核病导致的死亡来赋予死亡以道德色彩,认为这样的死消解了粗俗的肉身,使人格变得空灵,使人大彻大悟。通过有关结核病的幻象,同样也可以美化死亡。患结核病的梭罗于一八五二年写道:"死亡与疾病常常是美丽的,如……痨病产生的热晕。"没有人以思考结核病的方式来思考癌症——把它想象成一种裹着一层光辉的、通常具有抒情诗色彩的死亡。对诗歌来说,癌症是一个罕见的,至今仍令人感到不体面的题材;要美化这种疾病,似乎是不可想象的。

3

有关结核病的神话与有关癌症的神话之间,最惊人的相似之处是,它们都被或曾被理解为热情病。结核病的发烧是身体内部燃烧的标志:结核病人是一个被热情"消耗"的人,热情销蚀了他的身体。远在浪漫派运动出现前,由结核病生发出来的那些描绘爱情的隐喻——"病态"之爱的意象,"耗人"的热情的意象——就已经被使用。① 从浪漫派开始,该意象被倒转过来了,结核病被想象成爱情病的一种变体。与范尼·布劳恩彻底分手后,济慈在一八二〇年十一月一日寄自那不勒斯的一封伤心欲绝的信中写道:"即使万一我有望[从结核病]康复,这种激情也会致我于死地。"正如《魔山》中的一个人物解释的那样:"疾病的症状不是别的,而是爱的力量变相的显现;所有的疾病都只不过是变相的爱。"

正如当初结核病被认为是源自太多的热情,折磨着那些不计后果、耽于情感的人,现在,很多人相信,癌症是一种

---

① 如乔治·埃思里奇爵士的剧本《雅士》(一六七六)第二幕第二场:"当爱情发展成病态,我们能够做的最好的事是赶紧了断它;我不能忍受缠绵而又磨人的热情的折磨。"

激情匮乏的病，折磨着那些性压抑的、克制的、无冲动的、无力发泄火气的人。这些看起来似乎彼此对立的诊断，实际上是同一种观点的大同小异的翻版（在我看来，它们都同样为人们所深信不疑）。这是因为，对疾病的这两种心理上的描述全都强调活力的不足或障碍。正如结核病被颂扬成一种热情病，它同样被看作是一种压抑病。纪德的《背德者》中那个情操高尚的男主人公之所以感染结核病（与纪德自称的本人经历相似），是因为他压抑了他真正的自然的性；当米歇尔接受了"活力"时，他便康复了。根据这一故事情节，米歇尔在今天大概就得患癌症了。

正如癌症在今天被想象成压抑带来的报应，结核病也曾经被解释成失意带来的恶果。今天有些人相信所谓自由的性生活是预防癌症的良药，这就像从前，人们基于几乎相同的推理，常常给结核病人开出性生活的药方。在《鸽翼》中，米莉·希尔的医生建议她恋爱，作为治疗她的结核病的一种方法；而当她发现她的三心二意的追求者默顿·邓歇尔与她的朋友凯特·克罗伊私订终身时，她就一命呜呼了。济慈在一八二〇年十一月的一封信中痛苦地写道："我本该在生病前就拥有她，我亲爱的布劳恩，我本该保持健康。"

依据有关结核病的神话，大概存在着某种热情似火的情感，它引发了结核病的发作，又在结核病的发作中发泄自己。但这些激情必定是受挫的激情，这些希望必定是被毁的希望。

此外，这种激情，尽管通常表现为爱情，但也可能是一种政治的或道德的激情。在屠格涅夫的小说《前夜》的结尾部分，主人公英萨罗夫，那个流亡的保加利亚革命者，意识到他不能重返保加利亚。在威尼斯一家旅店里，他因思念和沮丧而变得病恹恹的，染上了结核病，随后就客死他乡了。

依据有关癌症的神话，通常是对情感的持续不断的压抑才导致了癌症。在这种幻象较早的、比较乐观的形式中，那种遭压抑的情感是性方面的情感；现在，出现了一种令人注目的转换，对狂暴情感的压抑被想象成癌症的诱因。使英萨罗夫命归黄泉的那种受挫的激情是理想主义。而那种人们认为若不排解掉就势必使他们患上癌症的激情，却是肝火。当今不再可能出现英萨罗夫这类人了。取而代之的是诸如诺尔曼·梅勒之流的谈癌色变的人，他最近自辩道，要是他不捅上妻子一刀（和发泄"满腔的怒火"），那他自己兴许已经患上了癌症，"兴许在数年里就一命呜呼了"。这种幻象与当初附着于结核病的那种幻象属同一版本，只是更恶心一点罢了。

当今把癌症与受压抑的激情联系在一起的那种幻象，大多来自威尔海姆·赖希，他把癌症定义为"伴随情绪消沉而来的疾病——这既指生物能的萎缩，又指对希望的放弃"。赖希以弗洛伊德的癌症来阐明他的这种很有影响的理论，据他看来，生性热情却"婚姻不幸"的弗洛伊德患上癌症是始于他渐渐变得情绪消沉的时候：

> 他过着非常平静、安宁、体面的家庭生活，但毫无疑问，他在性方面没有得到太多的满足。他的消沉以及癌症都是这种状况的显现。作为一个活生生的人，弗洛伊德不得不放弃一些东西。步入中年后，他不得不放弃他的个人快感，他的个人快乐……如果我关于癌症的看法是正确的话，那么，你只要放弃，你只要消沉——然后，你就会萎缩。

托尔斯泰的短篇小说《伊凡·伊里奇之死》经常被引述为癌症与性格消沉之间关系的个案史。但格罗德克把这一理论运用到结核病，把结核病定义为

> 对寂灭的渴念。欲望必须寂灭，随后寂灭的是体现在呼吸这个动作中的性爱的进进出出和起起伏伏。肺部随欲望一起寂灭……身体寂灭……①

正如当今有关癌症的描述所做的那样，十九世纪关于结核病的典型描述全都把消沉作为这种疾病的病因。这些描述也显示出，随着这种疾病加重，一个人如何变得消沉——咪咪

---

① 这段文字接下去是："……由于在患病期间，欲望增加，由于睾丸中精液的象征性的反复损耗带来的犯罪感变得越来越强烈……由于它使肺部疾病给眼睛和脸颊带去了色泽，真是诱人的毒药！"

和卡米尔因否弃自己的爱,被消沉击倒了,死去了。罗伯特·路易斯·斯蒂文森在一八七四年写的自传性随笔《注定的南方》中描绘了结核病人"从生命的热情中恬退隐忍出来"的那些阶段,而据其他人的小说作品中长篇累牍的描绘,明显的消沉正是结核病人迅速衰竭的典型症候。在《汤姆叔叔的小屋》中,小爱娃死得异乎寻常地平静,她在死前几个星期对自己的父亲说:"我的力量在一天天丧失,我知道我要走了。"在《鸽翼》中,我们得知米莉·希尔死时的情形,"她把脸转向墙那一边"。结核病被再现成一种典型的顺从的死。它常常是一种自杀。在乔伊斯的小说《死者》中,在格莉塔·康罗伊动身前往修道院的前夜,迈克尔·富里淋着雨,站在她的花园里;她恳求他回家去;"他说他不想活了",一周后,他就死了。

结核病人可能被描绘得富于激情,然而,更典型的描绘是,他们在活力、生命力方面有所欠缺(正如这一幻象的当代升级版本所表现的那样,易患癌症的人是那些情欲欠缺的人,或那些肝火不旺的人)。龚古尔兄弟这一对著名的不为感情所动的观察家正是这样解释他们的朋友莫格(《波希米亚生活场景》的作者)所患的结核病的:他死于"缺乏活力,那种使他能够承受疾病磨难的活力"。正如格莉塔·康罗伊向她的"健壮、魁梧"、阳刚、突然产生醋意的丈夫描绘迈克尔·富里时,说他"很文质彬彬"。结核病被颂扬成那些天生的不幸者的疾病，是那些敏感、消极、对生活缺乏热望以致不能生存下去的人们的疾病（拉菲尔前派艺术中那些心怀憧憬但神慵气倦的美女形象所暗示的东西，在爱德华·蒙克所描绘的那些消瘦、两眼无神、患结核病的女孩子形象中变得清晰起来）。对结核病导致的死亡的通常描绘，侧重于情感的完美升华，而患结核病的交际花这一形象的反复出现，暗示着结核病也被认为是一种能使患者变得性感起来的病。

像所有真正成功的隐喻一样，结核病的隐喻非常丰富，足以运用到两种彼此冲突的情景中。一方面，它描绘某个人（如一个孩子）的死，说他死得太"美好"了，全无性的色彩：这是对那种天使般一尘不染的心理学的肯定。另一方面，它又是一种描绘性方面情感的方式——为放荡开脱责任，把它归咎为一种客观的、生理的颓废或涣散状态。结核病既带来"精神麻痹"（罗伯特·路易斯·斯蒂文森语），又带来更高尚情感的充盈，既是一种描绘感官享受、张扬情欲的方式，同时又是一种描绘压抑、宣扬升华的方式。尤其是，它肯定了下列做法的重要性，即意识上更敏感，心理上更复杂。健康反倒变得平庸，甚至粗俗了。

4

似乎在十九世纪中叶，结核病就与罗曼蒂克联系在一起了。在奥利弗·哥尔德斯密斯嘲弄外省生活的讽刺剧《委屈求全》（一七七三）的第一幕第一场里，哈德卡索先生温和地责备哈德卡索太太过于宠爱汤尼·伦普金，即她与前夫所生的那个土里土气的儿子：

哈太太：这能怪我吗？这可怜的孩子老是患着病，啥事都做不了。要他去上学，简直是要他的命。才有一点好转，就让他去学一两年拉丁语，谁知道会把他怎样？

哈先生：让他学拉丁语！真是活见鬼。不成，不成，他得去酿酒房和马厩，那才是他的学校。

哈太太：噢，我们可别对这个可怜的孩子说三道四，我相信他活不了多久。看见他脸色的人，谁都能看得出他得了痨病呢。

哈先生：当然啦，他长得太胖，兴许这就是症状之一吧。

哈太太：他有时还咳嗽。

哈先生：没错，他喝酒时呛了。

哈太太：我真替他的肺担心。

哈先生：我也担着心呐，因为他有时候像喇叭似的呼哧呼哧地瞎喊一气——［背景处传来汤尼的嚷嚷声］——瞧，他来了——倒真是一副痨病壳子的样儿。

这些对话暗示，有关结核病的幻象是一个已为人们接受的概念，因为哈德卡索太太身上不过汇集了她所向往的伦敦时髦世界的那些陈词滥调，而这个时髦世界正是哥尔德斯密斯剧作的拥护者。① 哥尔德斯密斯认定有关结核病的神话已经广为传播——结核病似乎是一种反痛风病。② 对势利者、暴发户和往上爬的人来说，结核病是文雅、精致和敏感的标志。十八

---

① 哥尔德斯密斯曾学过医，并一度行医，对结核病，他还抱有其他一些成见。在《论教育》（一七五九）一文中，哥尔德斯密斯写道，少放盐和糖的清淡而又合乎时令的饮食能"纠正那些常见于父母是城里人的孩子们的容易引发痨病的习惯"。结核病在这里被看作一种必须被克服的习惯、癖好（如果不说是喜好的话）和弱点，城里人被认为比更容易染上它。

② 痛风病，是一种嘌呤代谢障碍引起的疾病，病人的血液和尿液中尿酸盐的浓度升高，在指（趾）等关节旁、耳轮、肾脏等处有尿酸盐结晶聚积或结石形成，常造成骨关节炎、关节畸形和肾脏损害，甚至引起肾功能衰竭。由于肉、蛋类食物中富含嘌呤，而过多的嘌呤又是引起痛风病的因素，因此，在十九世纪贵族色彩的文学想象中，使人形销骨立的结核病成了一种具有优雅贵族色彩的疾病（而哥尔德斯密斯在十八世纪后半叶对结核病的诱因的解释却与此不同，他倾向于认为结核病与非清淡类饮食有关，是一种城里病），而痛风病则经常被认为是"吃得太多"的粗俗的资产阶级易患的疾病之一，这正如文学想象中资产阶级的另一种常见病——中风。这里仅举一例：莫泊桑的短篇小说《图瓦》中的主人公"图瓦老爹"就是一个后来突患中风的小店主，莫泊桑先是把他描绘成一个饕餮之徒，一个"臃肿、肥胖、红润、气急"的大胖子；"有这么一些异乎寻常的大胖子，死神在他们身上作尽开心，它利用诡计、恶作剧和滑稽性的阴谋，使它的慢性的工作具有极强烈的戏剧性质。图瓦就是属于这一类的大胖子。这个混蛋的死神在别人身上是在白发、瘦削、皱纹之中，是在令人打着寒噤说'好家伙，他变得多厉害！'的那种不断增长的衰弱之中显示出自己的威力；可对图瓦就不一样了，它好像从把他养得又肥又胖中间得到快乐，把他变成了一个怪物奇人，给他抹上蓝的红的色彩，吹气球似的吹他，给他一种超人的健康的表象。"他的老婆却看出这是一个假象。莫泊桑写道："果然出事了，图瓦中风，瘫痪了。"到他病情稍微好转时，"一想到红焖鸡块，图瓦的脸上泛起光彩。莫泊桑那个时代，正是"消瘦、苍白"流行的时候，而且这被看作是一种贵族气质，尽管这同时又是贵族开始没落的时代。正因为如此，所以被剥夺了政治特权又丧失了经济优势的贵族阶层急欲以自己所剩的惟一的优势——文化修养、高雅趣味、高贵礼仪等等——来争夺资产阶级所忽视的文化和生活方式方面的领导权，以此来贬低资产阶级的物质性优势，这样，最少显示物质性的东西，似乎就能显示精神性，追求一种高度的贫瘠（消瘦、苍白），与资产阶级的富裕形成对比。哥尔德斯密斯时代的伦敦时髦世界（所谓时髦世界，就是贵族上流社会）显然是一个贬低痛风病和中风而抬举结核病的世界，它使结核病成了一种精神资本。——译者

世纪发生的新的社会流动和地理流动,使财富和地位不再是与生俱来的东西,而是必须有待确认的东西。确认的方式,是凭借有关服装的新观念("时髦")和对待疾病的新态度。服装(身体的外部装饰)和疾病(身体的一种内在装饰)双双变成比喻,来喻示对待自我的新态度。①

雪莱一八二〇年七月二十七日致济慈的信,是一个结核病人对另一个结核病人的安慰,信中称他获悉"你还是带着那副肺痨病人的病容"。这还不仅仅是词语转换。肺痨被理解为一种外显的风度,而这种外表成了十九世纪礼仪的标志。胃口好成了粗鲁的表现;而看上去病恹恹则成了荣耀。"肖邦患结核病之时,正逢健康不再时髦之际。"卡米尔·圣桑一九一三年写道,"苍白和消瘦则时兴起来……贝尔吉奥约索公主殿下沿林阴道散步……脸色像死人一样惨白。"圣桑把艺术家肖邦与那个时代最出名的"夺魂妇人"(femme fatale)联系起来考虑,是有道理的,正是这位公主的诸多努

---

① 众多的史家在研究西方现代的"manhood"(男子气质)和"womanhood"(女人气质)意识的起源时,往往把时间追溯到十八世纪下半叶,认为一直到十九世纪上半叶,对"manhood"和"womanhood"的意识形成来说,是极其重要的时期。例如艾伦·摩尔斯在《纨绔子:从布鲁梅尔到比尔波姆》(Ellen Mores, *The Dandy: Brummell to Beerbohm*, New York, The Viking Press, 一九六〇年)一书中,分析了"绅士形象"的形成,所谓"绅士",在英国的摄政时代,是指一类冷淡的、高雅的、无所事事的人,具有植物性的静态特征,与当时具有动物性特征(野心勃勃、冲劲十足、到处奔波)的资产阶级形成鲜明对比,是对后者的贬抑。但到了维多利亚时代,随着英帝国越来越倚重工业家、商人和殖民者,"绅士形象"发生了微妙的转变,更强调力度,而不是美感,或者说,开始把力度视为一种美,例如《简·爱》中简·爱评价罗切斯特的那句话:"你的严厉中有一种美。"——译者

力,才使痨病相流行开来。结核病影响下的关于身体的观念,赋予贵族的外貌一种新的模式——恰逢贵族已不再是一种力量,而主要以一种形象开始出现之时("富无尽头。瘦无止境。"温莎公爵夫人曾如是说)。的确,把结核病浪漫化,是把自我提升到形象高度的那种颇有现代特色的做法的第一个广为流传的范例。一旦痨病相被认为是优越、教养的标志,那它势必就被认为有吸引力。"我咳个不停!"二十四岁就香消玉殒的马利亚·巴什克采夫在一八八七年发表的一度广为传诵的遗作《日记》中写道,"但奇妙的是,它不仅没有使我变得难看,反倒给我增添了一种相称的柔美气质。"曾经作为贵族"夺魂妇人"和有抱负的年轻艺术家的时尚的东西,最终变成了普通人的时髦。十八世纪后期和十九世纪早期所形成的那些与结核病浪漫化息息相关的隐喻,在二十世纪妇女的那种时髦(对瘦的崇拜)中,找到了得以栖身的最后堡垒。

以"浪漫的情感爆发"为人所知的众多文学态度与色情态度都源自结核病及其隐喻变体。在对结核病初始症状的风格化的描绘中,情感爆发变得浪漫(例如虚弱被转换成柔美),而实际的情感爆发则被压抑。柔弱的、气息很浅的年轻女子与苍白的、佝偻着身躯的年轻男子争先恐后,惟恐没染上这种(那时)几乎无药可治的、使人丧失行动能力的、非常可怕的疾病。"我年轻的时候,"泰奥菲尔·戈蒂埃写道,"作为一个抒情诗人,我难以接受任何体重超过九十九磅的人。"(请注意戈蒂埃说的是抒情诗人,他显然认可这一事实,即小说家非得用更粗糙、更笨重的材料构成不可。)① 渐渐地,作为楚楚动人的柔弱和非同寻常的敏感的象征,痨病相越来越成为女性的理想外貌——而十九世纪中、后期的大男子们却变得体态肥胖,他们建立了工业帝国,创作了成百上千的小说,发动战争,劫掠于各大洲。

有人可能会不无道理地提出,对结核病的浪漫化只不过是这种疾病的文学转化而已,而在该疾病四处肆虐的时代,它很可能被认为是讨厌的——诚如今日之癌症。当然,十九世纪的人谁都知道结核病人呼出的气息有臭味(龚古尔兄弟描述他们探望奄奄一息的莫格时,注意到"床上的腐肉发出的气味")。不过,所有的证据都显示,对结核病的崇拜,并不仅仅是浪漫主义诗人和歌剧作者的发明,而是一种广为流传的态度,事实上,(年纪轻轻就)死于结核

---

① 二十世纪的一些文学史家的研究,似乎重复了十九世纪关于诗歌与小说的一种流行的陈见,即诗歌是贵族的,而小说则是中产阶级或资产阶级的,如伊恩·瓦特的《小说的兴起》。但在摄政时代(十九世纪前三十年)的英国,即浪漫派诗歌和时髦小说兴盛的时期,却存在着一种意味深长的对比:诗人们(指浪漫派)离开了城市,隐居到北部湖区,过着一种"自然"的生活,而留在城市里的"纨绔子弟"(dandies)则不仅创作时髦小说,还创造了后来被称为"英国绅士"的那种贵族气质和生活方式,是一种"反自然"的东西,强调人工性,把"自然"视为粗野之物。有意思的是,湖畔派诗人圈子主要是贵族出身的人,而伦敦俱乐部里的纨绔子弟则不仅有贵族,还有并非贵族出身的"高雅人物"。"高雅"是出入这些圈子的惟一通行证,因而连摄政王本人在这些圈子里也只能以服装设计师布鲁梅尔的一个崇拜者的身份出现。——译者

病的人被认为是具有浪漫气质的人。有人或许会提出，这种可怕疾病的现实情形与那些重要的新思想不相称，尤其是关于个性的新思想。然而，有关个性病的观点，是与结核病一道被提出来的，一起被提出的还有这种观点，即只有当人遭遇到死亡时，才会变得更敏感，此外，从围绕在结核病周围的那些意象中，人们还可以看到有关个性的现代观点的浮现，这种现代个性观点在二十世纪获得了一种更有侵犯性、而不是自恋性的形式。生病是使人变得"有趣"的一种方式——这正是"浪漫"一词最初的定义（史莱格尔在一七九八年《论希腊诗歌》一文中，把"趣味性"当作现代——即浪漫——诗歌的理想）。诺瓦利斯在一七九九年到一八〇〇年间所写的那些片断中，有一则云："健康的理想，只是在科学上才令人感兴趣而已。"真正有趣的是疾病，"它是个性化的一个方面"。尼采在《权力意志》及其他一些著作中赋予这种观点——病人如何如何有趣——以最大胆也最暧昧的表述，尽管他几乎没有提到某种具体的疾病，但他关于个体羸弱和文化衰竭或颓废的那些著名论断，还是融入了众多有关结核病的陈词滥调，并扩充了这些陈词滥调。

浪漫主义对待死亡的那种态度，断言疾病能使人变得有个性，变得更有趣。"我看上去病了，"拜伦说，望着镜中的自己，"我宁愿死于痨病。""为何这么说？"他的一位朋友于一八一〇年十月间到雅典拜访他时问道。① 拜伦答曰:"因为女士们全都会说:'看看可怜的拜伦吧,他弥留之际显得多有趣啊。'"也许浪漫派带给感受力的主要礼物不是残酷的美学以及疾病之美(如马里奥·普拉茨在他著名的著作中暗示的那样),甚至不是对不受约束的个人自由的需求,而是那种关于"有趣"的虚无而感伤的观点。

※ ※ ※

悲伤使人变得"有趣"。优雅和敏感的标志是悲伤。这就是说,是无力。在司汤达《阿尔芒斯》中,那位焦虑不安的母亲从医生那儿确切地知道了奥克塔夫患的根本不是结核病,而是"他那种年龄和身份的年轻人常有的不满现状、愤世嫉俗的忧郁"。悲伤和结核病成了同义词。瑞士作家、结核病患者亨利·阿米尔一八五二年在其《秘密日记》中写道:

> 灰云低垂,边缘处是稀薄的皱褶,远山上轻霭如缕;大自然失去了希望,落叶飘零四处,像是年轻一

---

① 以上这行文字("'为何这么说?'他的一位朋友于一八一〇年十月间到雅典拜访他时,问道。"),桑塔格女士在本书翻译时作了校正,因而与一九九〇年英文版有别。原先的表述(见原书第三十一页第十七行到第十九行)如下:"他的同为结核病患者的朋友汤姆·摩尔于一八二八年二月间来帕特拉斯拜访他时,问他为何这么说。"桑塔格女士写作此文时大病初愈,难免出现零星的记忆错误。拜伦于一八二四年四月十九日就已病死于希腊军中。——译者

代在无法治愈的悲伤中潸然而下的失落的泪影……只有冷杉才生机勃勃、绿意盎然，在这充满全宇宙的结核病气氛中茕茕孑立。

然而，只有生性敏感的人才能感受到这种悲伤，或者，言下之意是，只有生性敏感的人才能感染上结核病。在关于忧郁的古代思想的漫长历史中，有关结核病的神话构成了其中最重要的一章——根据四体液说，结核病是艺术家的病。[①]忧郁人物——或结核病患者——是卓然而立的人物：他敏感，有创造力，形单影只。尽管结核病可能使济慈和雪莱饱受折磨，但雪莱安慰济慈说，"痨病是一种偏爱像你一样妙笔生花的人的病……"把结核病与创造性联系起来的这种陈见是如此根深蒂固，以致十九世纪末的一位批评家把文学艺术在当时的

[①] "四体液说"为古希腊名医希波克拉底所创，他根据人的各种体液的多寡将人格分为四种：第一，胆汁质，有过多胆汁的人性急而易怒；第二，多血质，有过多血汁的人愉快而乐观；第三，粘液质，有过多粘液的人生性迟缓，缺乏感情；第四，忧郁症质，有过多黑胆汁的人生性消极，意气消沉。但古希腊的艺术家并不以忧郁为特征，把忧郁和艺术家挂上钩的是浪漫主义，认为黑胆汁过多的人，由于其忧郁的倾向，天生容易成为艺术家，而艺术家也天生是忧郁的。"四体液说"在现代产生了一些变体，如卡尔·荣格把人分为"内向型"（遇事退缩，对于批评异常敏感，情感表现含蓄）、"外向型"（反应迟钝，情感表现积极主动，对个人失败漠不关心）以及居于两者之间的"双向型"；如德国的克勒契玛依据男子体型将男子从性格上分为"瘦身型"、"斗士型"及"肥胖型"，认为瘦身型和斗士型的男子多具有分裂性气质，孤独，自闭，不爱社交，不现实，而肥胖型的男子则具有循环性气质，亲切，现实，乐于社交和助人，爱好享受；再如美国的谢尔顿和斯蒂芬斯依据克勒契玛的三分法将人分类为"内脏性气质"（追求内脏之安适，故其人好吃，性情愉悦，善于解闷）、"身体性气质"（好动，好斗，故其人热心于比赛，多从事精力充沛的活动，有攻击性）和"大脑性气质"（善于用脑，故其人慎虑、自制，敏于思考）。当代关于基因的研究似乎以科学的方式部分证明了这种以前同样以科学的名义排斥掉的唯心主义假说，例如认为忧郁症与基因的某种特别的构成有关。——译者

衰落归因于结核病的逐渐消失。

然而,有关结核病的神话还不仅仅是提供了关于创造性的一种描述。它还提供了一种不再局限于艺术家小群体的重要的波希米亚生活方式。结核病患者成了一个出走者,一个没完没了地寻找那些有益于健康的地方的流浪者。从十九世纪初开始,结核病成了自我放逐和过一种旅行生活的新理由(在此之前,无论是旅行,还是隔离于疗养院,都还没有被当作治疗结核病的一种方法)。有一些特别的地方,被认为有益于结核病人的康复:在十九世纪初,是意大利,随后是地中海或南太平洋上的那些岛屿;在二十世纪,则是高山和沙漠——所有这些风景名胜之地,依次被浪漫化了。济慈的医生建议他去罗马;肖邦则在西地中海的那些岛屿上试试运气;罗伯特·路易斯·斯蒂文森选择了太平洋作为流落之地;D·H·劳伦斯则转遍了半个地球。① 浪漫派把疾病当作自己悠哉游哉的生活和逃避资产阶级义务的托辞,为的是只为自

---

① "具有一种奇特的讽刺意味的是,"斯蒂文森写道,"当我们患病时,我们被送去的那些地方,景色总是特别优美……我斗胆说,当患者接到放逐判决时,他并不感到特别难受,并不把生病这回事当作生命中最不走运的事件。"不过,正如斯蒂文森接下来所描绘的那样,对这种被迫放逐的体验,并不那么愉快。结核病人难以享受他的好运:"对他来说,整个世界都失去了魅力。"
凯瑟琳·曼斯菲尔德写道:"我半生时光似乎都花在去各式各样的陌生旅馆的路上……旅馆陌生的房门关住了我这个陌生客,我随后钻进被单。我等待着角落里的阴影向外蔓延,慢慢地织成一张网,罩住四周墙壁上丑陋不堪的墙纸……我隔壁房间里的那个男房客患者和我一样的病。当我半夜醒来时,我听到他在床上辗转反侧。随后,他咳嗽了。他停下来后,我却咳开了。他又咳了起来。就这样交替反复了好长时间。我感到我俩就像是两只公鸡,在天还没破晓时,就在两个相隔遥远、为夜色所隐没的农场里一唱一和地打起鸣来。"

己的艺术活着。这是从世界抽身引退，不去承担作决定的责任——这便是《魔山》的故事情节。年轻的汉斯·卡斯托普通过考试后，在赴汉堡一家造船公司任职前，去达沃斯疗养院看望患结核病的表哥，在那里盘桓了三个星期。在他"下山"的当口，医生诊断出他的肺部出现了一片阴影。他于是在山上继续呆下去，一呆便是七年。

正是通过把众多或许是倒错的欲念加以合理化，并把它们转化为文化方面的虔信，有关结核病的那种神话才能在将近两百多年的时间里面对无可辩驳的人类体验和日积月累的医学知识而留存下来。尽管在十九世纪下半叶一度出现了对结核病罗曼蒂克崇拜的某种程度的反击，但到这个世纪结束，甚至一直到我们这个世纪，结核病仍保住了其罗曼蒂克的特征——作为一种优越品性的标志，作为一种适宜的柔弱的标志。它仍是奥尼尔《长夜漫漫路迢迢》中敏感的青年艺术家们的疾病。像《魔山》一样，一九二四年卡夫卡去世当年发表的书信集汇集了他对结核病的意义的思考。《魔山》中的冷嘲热讽大多是冲着汉斯·卡斯托普去的，他是一个古板的市民，却染上了作为艺术家专利的那种疾病——这是因为，曼的这部小说是他后来、当他对有关结核病的神话有了自我意识后创作的，是对这种神话的评论。即便如此，该小说仍反映出了这种神话：那位市民的确是因患上了结核病才变得优雅起来的。死于结核病，那时仍然是神秘的，而且（常常）

被认为是富于启示性的,直到西欧和北美实际上再不会有人死于结核病前,人们一直持这种看法。尽管因卫生条件改善,一九〇〇年后结核病的患病率开始急剧下降,但结核病患者的死亡率却依然居高不下;直到一九四四年发现链霉素和一九五二年采用异烟肼从而最终找到了恰当的治疗方法后,神话的力量才被解除。

如果读者仍觉得难以想象,说这样一种令人恐惧的疾病的现实怎么会如此荒谬地被歪曲,那不妨考虑一下出现在我们这个时代的与之不相上下的一种扭曲行为,那种感到有压力、需要去表现自我的罗曼蒂克姿态导致的扭曲行为。被扭曲的对象,当然不是癌症——这是一种没有人想去加以美化的疾病(尽管作为一个隐喻,它也起到了十九世纪结核病曾起到过的一些作用)。在二十世纪,被当作高超感受力的标志、能够显示"超凡脱俗的"情感和"愤世嫉俗的"不满情绪的那种讨厌的、折磨人的疾病,是精神错乱。

与结核病相关的那些幻象,和与精神错乱相关的那些幻象,具有很多相似之处。两种疾病都要求隔离。患者被送到"疗养院"(这是一个通用词,对结核病人来说,意味着诊所,同时,它又是对疯人院的最常用的委婉说法)。一旦被隔离,病人就进入了一个有着特殊规则的双重世界。像结核病一样,精神错乱也是一种放逐。"心理旅程"这个隐喻,是与结核病相关的那种有关旅行的罗曼蒂克观念的延伸。为了治好病,病人不得不从他或她的日常生活中被隔离出来。并非偶然的是，对一种被认为于治疗有益处的极端心理体验——无论这种体验是因药物而起，还是因心理幻觉所致——最常使用的隐喻是"旅行"。

在二十世纪，以前附着于结核病的那一大堆隐喻和态度分裂开来了，被分派给了两种疾病。结核病的一些特点被赋予了精神错乱：精神错乱患者被看作是一个情感大起大落的人，狂热而不计后果，是一个太过敏感以致不能承受这个粗俗而平凡的世界的充满恐惧的人。结核病的另一些特点则被赋予了癌症——这里所说的是"肝火"，它可不那么容易被罗曼蒂克化。不是结核病，而是精神错乱，成了当今我们有关自我超越的那种世俗神话的表达。对疾病的罗曼蒂克看法是：它激活了意识；以前是结核病充当着这一角色；现在轮到精神错乱了，据认为，它能把人的意识带入一种阵发性的悟彻状态中。把疯狂浪漫化，这以最激烈的方式反映出当代对非理性的或粗野的（所谓率性而为的）行为（发泄）的膜拜，对激情的膜拜；而对激情的压抑，当初被认为是结核病的诱因，现在又被认为是癌症的诱因了。

5

在《死于威尼斯》中，激情导致了那一切曾使古斯塔夫·冯·阿辛巴赫显得出类拔萃的品质的崩溃——他的理智、他的自制以及他的讲究。随后，疾病进一步削弱了他的这些品质。在小说末尾，阿辛巴赫徒然剩下一重身份，即成了霍乱的又一个受害者，他的最终的堕落，正表现在他居然屈服于这种为害当时众多威尼斯人的疾病。但当《魔山》中汉斯·卡斯托普被发现染上结核病时，却被认为是一种人格提升。汉斯的病将会使他变得比他以前任何时候都更为出类拔萃，更加善解人意。在前一部小说中，疾病（霍乱）是对暗恋之爱的惩罚，在后一部小说中，疾病（结核病）则成了爱的表达。霍乱是一种致命的疾病，回过头来看，它使复杂的自我简单化了，把自我降格为对带病环境的屈服。而结核病却使人有个性，使人从容地面对这一环境。

曾使结核病显得如此有趣——或如通常表述的那样，如此浪漫——的东西，同时也使结核病成了一道符咒，一种奇特恐惧的来源。与过去那些波及感染区每一个成员的大流行病（腺鼠疫、斑疹伤寒、霍乱）比起来，结核病被认为是这么一种疾病，它使患者与其区社隔离开来。无论结核病的发病率在人口中有多高，结核病——如当今之癌症——都似乎总是个人的一种神秘疾病，是一支可以射中任何一个人的致命的箭，它一个接一个地挑选出牺牲品。

正如霍乱病人死后的情景，过去，在结核病人死后，作为一种惯例，常常要焚烧死者的衣服和其他一些物品。"那些野蛮的意大利人差不多快干完他们魔鬼般的勾当了,"在济慈死于西班牙广场附近那个小房间里后两个星期,他的友伴约瑟夫·瑟文于一八二一年三月六日从罗马写信说:"他们烧掉了全部的家具——现在他们正在刮墙皮——换新窗子——新门——甚至换新地板。"然而,结核病之所以令人感到恐怖,不仅在于它像霍乱一样是一种传染病,还在于它似乎是一种随意而为、不可理喻的"污染"。人们宁可相信结核病是遗传的(想想吧,济慈一家、勃朗特一家、爱默生一家、梭罗一家和特罗洛普一家反复出现结核病),也宁可相信结核病显示出结核病患者具有某种与众不同的特别之处。以类似的方式,人们举出证据说,存在着易患癌症的家庭,癌症中可能存在着一种遗传因素,而全然不顾这一信条,即严格说来,癌症是一种能够侵袭任何一个人的疾病。染上霍乱或斑疹伤寒的人不会问:"为什么是我?"然而,"为什么是我?"(其含义是"这不公平")这个问题,却是众多得知自己患上了癌症的人提出的问题。

不管结核病如何被归因于贫穷和不健康的环境,人们仍然认为,要感染结核病,某种内在的癖性是不可或缺的。医生们和门外汉们都深信存在着一种结核病性格类型的人——正如当今人们深信存在着一种易患癌症的性格类型,这种看法远非局限于民间迷信,它以最先进的医学思想的面目出现。与当代那种据认为易患癌症的性格类型的怪物——那些不动感情、克制和压抑的人——比起来，十九世纪的想象力所挥之不去的那种易患结核病的性格类型，是一种由两种不同的幻象混合而成的混合体：这种类型的人既充满激情，又感到压抑。

在十九世纪的疾病中，梅毒是另一种声名狼藉的病灾，它一点也不神秘。感染梅毒，是一个可预测到的后果，通常是与梅毒携带者发生性关系所致。因此，在所有那些附着于梅毒之上的充满犯罪感的性污染幻象中，不存在一种独特的被认为特别容易感染该病的人格类型（如结核病曾经被认为的那样和癌症当今被认为的那样）。梅毒人格类型是指那些已染梅毒的人（易卜生《群鬼》中的奥斯瓦尔德，《浮士德博士》中的阿德里安·勒菲昆恩），而不是那些有可能感染的人。梅毒起着一种天罚的作用，它意味着（对不正当的性关系和嫖妓行为的）一种道德评判，而不是心理评判。结核病这种曾经一度如此神秘的疾病——正如当今癌症之神秘——却令人想到要对该疾病作更深刻的评判，既是道德评判，又是心理评判。

※ ※ ※

古代世界对疾病的思考，大多把疾病当作上天降罪的工具。这种上天的审判，要么降临于一个群体（在《伊利亚特》

第一部中,阿波罗为惩罚阿伽门农诱拐克莱斯的女儿而让阿凯亚人染上鼠疫;在《俄狄浦斯王》中,因底比斯国王所犯罪行,鼠疫席卷了底比斯王国),要么降临于某个单独的人(菲罗克忒忒斯的脚部恶臭的伤口)。而为现代幻象所包围的那些疾病——结核病和癌症——则被视为自我审判的一种形式,自我背叛的一种形式。

一个人的心灵背叛了他的肉体。"我的头和肺在我不知晓的情况下达成了一个协议。"卡夫卡在一九一七年九月致马克斯·勃洛德的信中谈到自己的结核病时说。或者,一个人的肉体背叛了他的情感,如托马斯·曼后期的小说《黑天鹅》中那个上了年纪的女主人公,她天真地爱上了一个年轻人,错把实际上是癌症这种绝症症状的大出血当作了月经的重新来临。肉体的这种背叛,被认为有其自身的内在逻辑。弗洛伊德"开口讲话时……显得很漂亮",威尔海姆·赖希回忆道,"可后来,正是在这个部位,在他的嘴部,癌症击中了他。我对癌症的兴趣也正始于此。"这种兴趣,使赖希就致命性疾病与受该疾病羞辱的患者的人格之间的联系,提出了自己的一种看法。

就前现代对疾病的看法而言,人格的作用被局限于患者患病之后的行为。像任何一种极端的处境一样,令人恐惧的疾病也把人的好品性和坏品性统统都暴露出来了。然而,对流行病的常见的描述,侧重于疾病对人格的毁灭性影响。史家们越是不受这种先入之见的左右,即疾病是对邪恶的惩罚,那他的描述就越发有可能浓墨重彩于该流行病的扩散所昭示出来的那种道德腐败。即便该流行病不被认为是上天对某个群体的审判,但只要从结果一路追溯到源头,它势必就变成了上天对该群体的一种审判,似乎它启动了道德和风尚的不可阻挡的崩溃。修昔底德谈到公元前四三〇年雅典爆发的鼠疫如何造成了混乱和无法无天("及时行乐的作风取代了荣誉感与得体的举止"),又如何腐化了语言本身。薄伽丘对一三四八年大鼠疫的描述——见《十日谈》前几页——所持的观点不外乎是:佛罗伦萨的公民们行为太不检点。

与这种描绘在流行病引发的惊恐中忠诚和爱情如何分崩离析的充满轻蔑意味的文字不同,有关现代疾病的描述——在这类描述中,上天的审判落在了个人头上,而不是整个社会的头上——似乎过于忽视这一事实,即人们是多么可怜地被告知他们将不久于人世。致命的疾病一直总是被视为一种对道德人格的考验,但在十九世纪,谁都极不情愿让谁通不过这种考验。那些有德之人在滑入死亡之路时只是变得更加有德而已。这已成为小说中描绘结核病患者的死亡时采用的惯例,与之相配套,是对结核病的锲而不舍的灵性化,以及对结核病的恐怖景象的感伤化。结核病为那些道德沉沦者提供了一种获得救赎的死法,如《悲惨世界》中的年轻妓女芳汀，或者为那些有德之人提供了一种献身的死法，如塞尔玛·拉格勒夫《幽灵战车》中的女主人公。甚至那些极有德行的人，当染上这种疾病而命在旦夕时，他们的道德境界就飞升到了新的高度。在《汤姆叔叔的小屋》中，小爱娃在她生命最后的几天里恳求她的父亲做一个真正的基督徒，释放他的奴隶。在《鸽翼》中，米莉·希尔一旦获悉她的追求者原来是一个财产追逐者后，就立了一份遗嘱，写明把财产留给他，随后就撒手人寰了。《董贝父子》中说："从某种潜在的、自己还不十分明了——如果说不是全然不解的话——的情理中，[保罗]感觉到，他对那儿几乎所有的物和人，都萌生出了一种越来越强烈的温情冲动。"

对那些不被这么感伤地加以描绘的人物来说，疾病被看作是为他们提供了一个最终行善的机会。至少，疾病的不幸能够擦亮人的眼睛，使他看清一生中的种种自欺和人格的失败。伊凡·伊里奇用谎言来掩盖他的沉疴——他患了癌症，却对妻儿只字不提——而这些谎言使他意识到他整个的一生无非是一个大谎；在他弥留之际，平生第一次，他变得诚实了。黑泽明的电影《生之欲》（一九五二）中，那个年届六旬的公务员在获悉自己的胃癌已到晚期后，辞去了工作，投身到邻近一个贫民窟的事业，反对他曾为之效劳的衙门。只有一年可活了，渡边想做一些有意义的事，想摆脱平庸的生活。

6

在《伊利亚特》和《奥德赛》中，疾病是以上天的惩罚、魔鬼附体以及天灾的面目出现的。对古希腊人来说，疾病要么是无缘无故的，要么就是受了报应（或因个人的某个过失，或因群体的某桩罪过，或因祖先的某起犯罪）。随着赋予疾病（正如赋予其他任何事情）更多道德含义的基督教时代的来临，在疾病与"受难"之间渐渐形成了一种更紧密的关联。把疾病视为惩罚的观点衍生出疾病是一种特别适当而又公正的惩罚的观点。亨利森《克莱西德的遗嘱》中的克莱西德的麻风病以及《危险的关系》中的德·梅托耶夫人的天花，都暴露出了美丽的撒谎者的真实面目——一种最不经意的显露。

在十九世纪，疾病之适于患者人格如同惩罚之适于罪犯的观点，被疾病乃人格之显现的观点所取代。疾病会受到意志的挑战。"意志显示自身为有机体，"叔本华写道，但他否认意志本身会出问题。要从疾病中康复，就得依靠意志，意志"为了收复［身体的］反叛势力而获得了专横的力量"。比叔本华早一代，有一位名叫比夏的伟大的医生，他曾采用过类似的意象，把健康比作"诸器官的平静状态"，而疾病则是

"诸器官的反叛"。疾病是通过身体说出的话,①是一种用来戏剧性地表达内心情状的语言:是一种自我表达。格罗德克把疾病描绘成"一种象征,一种内部发生的事态的外现,是那个'它'上演的一场戏剧……"②

根据前现代有关均衡人格的理想,情感发泄理当有所节制。行为与行为的潜在不节制性之间,存在着界限。因而,当康德把癌症当作修辞手段使用时,癌症就似乎变成了情感过度的一个隐喻。"对纯粹实践理性来说,激情无异于癌症,而且通常无可救药,"康德在《人类学》(一七九八)中写道,并补充说,"激情是……不幸的情态,它孕育出众多的邪恶。"这使人联想到古代在癌症与妊娠之间建立的那种隐喻性关联。当康德把激情(这就是说,极端的情感)比作癌症时,他无疑利用了前现代有关这种疾病的看法以及浪漫派出现前对激情的一种评价。不久,人们将以肯定得多的方式看待激烈的

---

① 以上数行文字(从"疾病会受到意志的挑战"到"疾病是通过身体说出的话"),是桑塔格女士临时改动后的表述,因而与一九九〇年英文版大有区别。原先的表述(见原书第四十三页倒数第五行到第四十四页第四行)如下:"疾病乃意志之产物。'意志显示自身为有机体,'叔本华写道,'而一旦患上病,就说明意志本身出了问题。'要从疾病中康复,就得依靠意志,意志'为了收复 [病态意志的] 反叛势力而获得了专横的力量'。比叔本华早一代,有一位名叫比夏的伟大的医生,他曾采用过类似的意象,把健康比作'诸器官的平静状态',而疾病则是'诸器官的反叛'。疾病是通过身体表达出来的意志……"——译者
② 卡夫卡在一九一七年九月被诊断患了结核病后,在日记中写道:"你肺部里的感染不过是一个象征,"是一个情感"伤口"的象征,"这个伤口感染了那种被称作 F [Felice, 即卡夫卡的女友菲丽丝——译者] 的炎症。"在致马克斯·勃洛德的信中,他写道:"疾病在为我说话,因为我请求它这么做。"在致菲丽丝的信中,他说:"私下里,我不相信我所患的病是结核病,至少一开始不是结核病,毋宁说它是我的整体崩溃的一个症候。"

情感。"世上再也没有谁像爱弥尔那样不善于掩饰自己的情感,"卢梭说——他把这句话当作一句赞美之辞。

当过度的情感得到肯定时,它们就不再被类比为一种可怕的疾病——那样类比,是为了贬低它们。相反,疾病被看作是丰富情感的表达。结核病是这么一种疾病,它使强烈的欲望表露无遗;不管结核病患者自己是否情愿,结核病都显露出患者自己不愿表露出的东西。人们不再在温和的情感与过于强烈的情感之间进行对比,而是在隐蔽的情感与那些被显现出来的情感之间进行对比。疾病透露出患者本人或许都没有意识到的那些欲望。疾病——以及患者本人——成了需要破译的对象。这些隐蔽的欲望现在被看作是疾病的诱发因素。"欲而不为,疫疾生焉,"布莱克写道——此为其大胆放肆之《地狱箴言》中之一则。

早期浪漫派想以超出他人的更强烈的渴念,以及对渴念的渴念,来寻求优越感。那些无力去把这些充满活力和健全冲动的理想化为现实的人,被认为是结核病的理想人选。当代浪漫主义却信奉与此相反的信条——即,他人才是有强烈渴念的人,而自己(这些叙事作品总是以第一人称出现)则少有渴念,或干脆全无渴念。那种不动感情的现代浪漫自我,在十九世纪俄罗斯的小说中有其先驱者(莱蒙托夫《当代英雄》中的毕巧林,[陀思妥耶夫斯基的]《群魔》中的斯塔夫罗金);不过,这些先驱者仍然还是英雄——率性鲁莽,心有块垒,自暴自弃,为自己感觉的无能而痛苦(甚至他们那些阴郁的、仅仅耽于自我感觉的后裔们,如萨特《恶心》中的罗昆廷和加缪《局外人》中的默而索,也似乎困惑于自己的感觉无能)。充斥于美国当代小说中的那种处世消极、情感漠然的反英雄形象,是刻板乏味的人,或者是耽于淫乐而又无情的人;他们不自暴自弃,而是谨小慎微;既不情绪波动,不鲁莽冲动,也不残酷无情,他们只不过与世疏离罢了。依据当代有关癌症的神话,他们是癌症的理想人选。

※　※　※

不再把疾病视为对那种客观存在的道德人格的应有的惩罚,而把它当作内在自我的发泄,这看起来似乎不那么有道学气。但结果却证明,这种看法有同等的道学气和惩戒性,甚至有过之。那种认为疾病是人格之表达的浪漫观点,不可避免地与那两种现代疾病(过去的结核病,现在的癌症)一起被引申开去,从而断定人格可以诱发疾病——这是因为,人格没有向外表达自己。激情由此转向内部,惊扰和妨碍了最幽深处的细胞。

"病人自己创造了自己的病,"格罗德克写道,"他就是该疾病的病因,我们用不着从别处寻找病因。""杆菌"在格罗德克所开列的那份纯粹"外在病因"的名录中高居首位——随后是"寒冷、暴食、暴饮、劳作以及其他种种病因"。他坚持认为,

"正因为察看我们的内部会引起不快",所以医生们情愿"以预防、消毒等方式来对付外部病因",而不正视那些真正的、内在的病因。卡尔·梅宁格最近表述道:"疾病之诱因,部分来自外界对患者的影响,但更多地则来自患者对待世界的方式,来自他对待自己的方式……"这种荒谬而又危险的观点试图把患病的责任归之于患者本人,不仅削弱了患者对可能行之有效的医疗知识的理解力,而且暗中误导了患者,使其不去接受这种治疗。据认为,治疗主要取决于患者的自爱能力,这种自爱能力已经受了痛苦的考验,或已遭到了削弱。凯瑟琳·曼斯菲尔德于一九二三年去世前一年,在《日记》中写道:

> 这一天糟透了……疼痛难忍,虚弱,等等。我什么也做不了。虚弱不仅仅是身体上的。在我治好我的病以前,我必须先治好我的自我……必须把它分开来治,而且事不宜迟。我老不见好,它才是根本的病因。我没有控制好我的情绪。

曼斯菲尔德不仅认为"自我"是致使她罹病的病因,而且认为,只要她能治好"自我",她就有可能治好已入膏肓、毫无指望的肺病。[①]

[①] 约翰·米德尔顿·默雷写道,曼斯菲尔德"渐渐认定她身体的健康取决于她的精神状态。打那以后,她一门心思地寻找某种'治疗灵魂'的方法;真令人遗憾,她最终打定主意,决定放弃真正的治疗,倒好像她身体上的重病不过是次要的,甚至,只要可能,就当它不存在"。

不论是有关结核病的神话，还是当今有关癌症的神话，全都认定患者自己对患上疾病负有责任。不过癌症意象更具惩罚性。考虑到存在着藉以判断人格与疾病的那些带有罗曼蒂克意味的价值，那么，患上一种据认为是因激情太多而导致的疾病，还有一些荣耀可言。然而，对一种据认为源自情感压抑的疾病而言，通常就只剩下耻辱了——这种轻蔑感，在格罗德克、赖希以及那些受他们影响的众多著作家的观点中屡见不鲜。那种把癌症当作是因表达无能而患上的一种疾病的观点，把罪咎归之于癌症患者；它聊表同情之心，却也同时传达出轻蔑之意。在奥登写于二十世纪三十年代的一首诗里，有一位吉小姐，她"从那对恩爱夫妻身边走过"，"躲开自己的目光"。接下去的诗句是：

> 吉小姐双膝跪倒，
> 　　跪倒在道旁；
> "别让我受诱惑，
> 　　让我做个好姑娘。"
>
> 日夜在她身边流淌，
> 　　如浪花拍打着康郡的船骸；
> 她把衣扣一直扣到衣领处，
> 　　骑车去了医生家。

她骑车到了医生家,
　　伸手去把诊所门铃拉;
"噢,医生,我感觉不妙,
　　我身体有病。"

托马斯医生给她作检查,
　　查了一遍又一遍;
他走近自己的清洁池,
　　说,"为何不早点来诊所?"

托马斯医生坐在餐桌旁,
　　尽管太太还没打铃开晚餐,
他把面包揉成团;
　　说,"癌症真是好玩。

无人知晓癌症的病因,
　　尽管有人装作知晓;
就像一个隐藏的刺客,
　　它等着给你一刀。

"不能生育的女人会得癌症,
　　退休的男人亦难幸免;
好像一定要有个出口,
　　好释放受阻的创造之火。"

结核病人或许可能是一个反叛者或一个不适应社会的人；癌症人格则被以简单得多的方式加以看待，而且带着居高临下的怜悯意味，人们将其视为生活的一个失败者。拿破仑、尤里西斯·S·格兰特、罗伯特·A·塔夫特和休伯特·汉弗莱都患有癌症，其患病原因被诊断为政治上的失败和鸿鹄之志的委顿。而对那些虽死于癌症却较难归类于失败者行列的人，如弗洛伊德和维特根斯坦，则有另外一种诊断法，说他们患上癌症，是对他们终生否弃本能的那些行为施加的可怕惩罚（几乎没有人想得起兰波也死于癌症）。与此形成对比的是，那种偏爱济慈、爱伦·坡、契诃夫、西蒙娜·韦伊、艾米莉·勃朗特和让·维戈的疾病，则既被当作神明的显现，又被当作对失败的裁决。

7

与结核病比起来，癌症一般不被认为是一种适合浪漫人格的疾病，这也许是因为毫无浪漫可言的抑郁之感业已驱散那种有关忧郁的浪漫观念。"不难发现，美之事物若要臻于完美的极致，一种适宜的忧郁情调总是不可或缺，"爱伦·坡写道。但抑郁却是那种去掉了忧郁的魅力的忧郁——这魅力便是生机和冲动。

越来越多的文学作品和研究著作都在支持这种有关癌症

的情感病因的理论，几乎过不了一个星期，就会出现一篇新的文章，向普通公众或别的什么人宣布癌症与痛苦情感之间存在着具有科学依据的关联。人们引述调查结果——多数文章参照了这些调查结果——说在被调查的数百名癌症患者中，据悉有三分之二或五分之三的患者感到压抑或是对他们的生活感到不满，并因父母亲、情人、配偶或至交的去世、分手或离别引起的失落感而遭受痛苦。然而，同样可能的是，在同等数目的未患癌症的人中，大部分人也会称自己情绪低落，曾遭受过精神创伤：这被称为"人类状况"。对这些个案史的描述，采用的是一种特别直率的语言，充满了绝望的意味，充满了对孤独自我及其老是不甚满意的那些"关系"的不满之词和困惑之语，分明打上了我们这个消费社会的烙印。这正是众多美国人现在用来描绘自身的语言。①

十九世纪的一些医生所做的调查显示，癌症与那个时代

---

① 最近一篇报载文章（《你的人格会致你于死地吗？》）归纳了约翰·霍普金斯大学医学院的卡罗琳·贝德尔·托马斯医生主持的一项研究的主要内容："简而言之，癌症患者是些低速档的人，很少受情感爆发之害。自孩提时代起，他们与父母就有一种疏离感。"东宾夕法尼亚精神分析学院的克劳斯医生和马约里·巴恩森医生"描绘了一种否认自己有敌意感和压抑感、否认自己有对孩提时代的情感缺失的记忆、否认在与人保持亲密关系的问题上有困难的人格类型"。得克萨斯州沃斯堡的一位名叫O·卡尔·西蒙顿的放射学家对癌症患者兼用放射疗法和心理疗法，他把癌症人格描绘成具有"强烈自怜倾向而其建立和保持有意义关系的能力却显然残缺不全"的人。纽约的心理学家和心理治疗专家劳伦斯·勒山在他一九七七年发表的著作（《为生活而斗争：癌症起因的情感因素》）中认为"在大多数癌症患者中，普遍存在着一类人格构成"，以及一种为癌症患者所共有的在癌症恶化前就已确立的世界观。他把"癌症患者的基本情感模式"划分为三种，"童年期或青少年期，其标志是疏离感"；成人期，其标志是"有意义的关系"的缺失；最后是"认定生活毫无意义"。勒山写道："癌症患者几乎无一例外地瞧不起自己，瞧不起自己的能力和潜力。"癌症患者"没有情感和自我"。

的牢骚之间存在着高度的相关性。与那些无一例外地称自己自幼年起就一直有疏离感和孤独感的当代美国癌症患者不同，维多利亚时期的癌症患者谈到的是生活的忙碌、工作和家庭责任的重负以及丧亲的痛苦。这些患者不像当今美国的癌症患者那样对自己的生活大发不满之词，不去思考"有意义的关系"带来的那些满足感到底是何性质，建立这种关系是否可能。医生们从他们的癌症患者的忧伤、焦虑（最常见于生意人和大家庭主妇）、捉襟见肘的经济状况、突然逆转的运气以及繁重的工作中寻找癌症的病因或容易引发癌症的因素——或者，如果患者是事业有成的作家或政治家，就从其忧伤、愤怒、用脑过度中去寻找，从那种与勃勃野心形影相随的焦虑中去寻找，从公共生活的压力中去寻找。①

据认为，十九世纪的癌症患者是因活动过量和情感过度而患上癌症的。他们的内心似乎充满了不得不加以抑制的情感。作为预防癌症的一项建议，一位英国医生劝告他的患者

---

① 赫伯特·斯诺《癌症临床笔记》（一八八三）一书中记录的那些简明的个案史中，有许多都记载了这句话："总是麻烦不断，工作繁重。"斯诺是伦敦的肿瘤医院的一名外科医生，他看到的大部分患者都很贫穷。以下观察结果颇为典型："在一百四十例乳腺癌患者中，有一百零三例提到自己早年曾患心理毛病，工作繁重，或从事一些有损身心的职业。在一百八十七例子宫癌患者中，九十一例有类似经历。"对那些生活舒适的癌症患者，医生们的观察结果显然不同。曾为大仲马治疗癌症的医生 G·冯·斯密特在一八七一年出版了一本关于癌症的书，他在书中列出了癌症的"主要病因"，即"长久的伏案研究工作或者案头职业，公共生活的动荡和焦虑、患得患失的野心、动辄发怒以及过度的悲伤"等。引自医学博士萨缪尔·J·柯瓦尔的论文《作为癌症病因的情感：十八和十九世纪的贡献》，载《精神分析评论》，第四十二辑第三卷（一九五五年七月）。

们"要避免过度消耗精力,要泰然面对生活的不幸;最重要的是,不要'陷入'任何悲伤"。这类斯多葛式的建议现已被取代,开出的新处方是自我发泄,包括从倾诉疗法一直到尖叫疗法等一系列疗法。一八八五年,波士顿的一位医生告诉"那些患有明显良性乳房肿瘤的人保持心情愉快的好处"。今天,这种建议会被看作是在鼓励某种形式的情感分裂,而情感分裂如今被认为容易使人患上癌症。

在对癌症的心理方面的原因的通常描绘中,往往搬用自盖伦以降的古老权威人士的话作为证据。盖伦(公元二世纪人)认为"忧郁的妇女"比"乐观的妇女"更容易患乳腺癌。他所说的忧郁,是指一种具有复杂的性格方面症状的生理状态;对我们而言,这个词仅指一种心理状态。英国外科医生阿斯特莱·库柏爵士一八四五年说:"悲伤和焦虑"是乳腺癌"最常见的病因"之一。但十九世纪的这些观察与其说支持了还不如说动摇了二十世纪后期的一些观念——对十九世纪的那种躁狂症或躁狂—忧郁症的人格类型的描述与对当今心灰意冷、自我憎恨、情感冷漠的癌症人格的描述正好相反。就我所知,那些相信化学疗法和免疫疗法对治疗癌症有疗效的肿瘤学家,没有谁参与到对某种所谓特定的癌症人格的虚构中。不用说,那种认为忧虑能影响免疫功能(而且,在某些情况下,导致疾病免疫力的下降)的假说,与情绪导致疾病的观点几无共同之处,而且也没有为这种观点提供什么证据,更别提那种认为某种特定的情绪导致某种特定的疾病的观点了。

当今有关现代癌症人格类型的臆测,可在十九世纪有关结核病的著述中找到其真正的源头和对应表述,在这些著述中,以相近的术语加以表述的同样的理论一直以来颇有市场。纪登·哈维在他所著的《英国病》(一六七二)中称,"忧郁"和"脾气暴躁"是诱发结核病(他用了一个隐喻来称呼结核病——"侵蚀")的"惟一原因"。在一八八一年,即罗伯特·柯赫发表论文宣布发现结核杆菌并指出结核杆菌是结核病的首要病因的前一年,一本标准的医学教材开列出结核病的诸种病因:遗传因素、不利的气候、足不出户的伏案生活、通风不畅、阳光不足以及"情绪抑郁"。① 尽管这一条目在该教材再版时不得不加以修改,但要过很长一段时间,这些观念才会失去可信度。卡夫卡在一九二〇年致米莱娜的信中写道:"我患的是心理疾病,肺部的疾病不过是我的心理疾病的蔓延而已。"情绪导致疾病的理论被应用于结核病,到二十世纪仍然相当流行——直到最终找到了治疗这种疾病的方法才告寿终正寝。这种理论在当今的时髦应用——它把癌症与情绪消沉以及缺乏自信和对未来的信心联系在一起——可能像当初

---

① 见奥古斯特·弗林特与威廉·H·韦尔希合著的《医学的原则与实践》(一八八一,第五版),上引文字,转引自热勒·杜波斯与让娜·杜波斯合著的《白瘟疫》(一九五二)。

它被应用到结核病上一样站不住脚。

※ ※ ※

根据历史学家凯斯·托马斯的描述，在十六世纪末期和十七世纪瘟疫肆虐的英格兰，人们普遍相信"快乐的人不会感染瘟疫"。在传染的性质被弄清之前，愉快的心态能够抵御疾病，对各种传染病而言，这种幻象都可能甚为流行。心态导致疾病，而意志力量可以治疗疾病——此类理论，无一例外地透露出人们对于疾病的生理方面的理解何其贫乏。

此外，一种特别现代的偏好是对疾病进行心理方面的解释，恰如它偏爱对其他任何东西进行心理解释一样。心理学解释似乎为那些人们事实上控制不了或几乎控制不了的经历和事件（如染重疾）提供了控制方法。心理学解释瓦解了疾病的"现实"。人们必须对现实进行解释（它其实意味着什么什么，或，它是什么什么的象征，或，它必须如此如此解释）。对那些活着时既不接受宗教赋予死亡的那种慰藉、又不接受死亡（或其他东西）是一个自然过程的人来说，死亡是令人厌恶的神秘之事，是最终的羞辱，是不能控制之事。它只能被否弃掉。心理学的吸引力和说服力大部分来自它是一种升华的唯灵论这一事实：以一种世俗的、貌似科学的方式肯定"精神"对物质的优先性。疾病这种无法避免的物质现实可以被赋予一种心理解释。死亡本身也最终可以被看作是一个心理现象。格罗德克在《它之书》（他这里谈到的是结核病）中宣称："那些想死的人，那些不能承受生命的人，才会死。"自弗洛伊德和荣格始，众多的心理学思想都暗含着这么一个许诺，即死亡在当今是可以被战胜的。

至少，有人已作出了这样的许诺，即疾病能够被战胜。只要"生理"疾病被看作"心理"疾病，那它就变得不那么真实了——不过，作为补偿，它变得更有趣了。在整个现代历史中，有关疾病的思考都倾向于不断扩大心理疾病的范畴。事实上，当代文化中对死亡的否弃，部分是因为这种疾病范畴的极大扩展所致。

疾病范畴的扩展，依靠两种假说。第一种假说认为，每一种对社会常规的偏离都可被看作一种疾病。这样，如果犯罪行为可被看作是一种疾病的话，那么，罪犯就不应该遭谴责或受惩罚，而是被理解（像医生理解病人那样）、被诊治、被治疗。① 第二种假说认为，每一种疾病都可从心理上予以看待。大致说来，疾病被解释成一个心理事件，好让患者相信他们之所以患病，是因为他们（无意识地）想患

---

① 这种观点的一个早期的、在今天已处于守势的表述，见于萨缪尔·巴特勒的《艾瑞璜》（一八七二）。巴特勒指出犯罪是一种疾病，像结核病一样，既可得之于遗传，又可因不健全的环境所致，他以这种方式指出谴责病人是荒唐的。在艾瑞璜这个地方，那些犯谋杀、偷盗罪行的人被作为疾病患者一样同情地对待，而患结核病却被当作犯罪予以惩罚。

疾病的隐喻 | 059

病，而他们可以通过动员自己的意志力量来治病；他们可以选择不死于疾病。这两种假说互为补充。第一种假说似乎在消除内疚感，而第二种假说却又恢复了内疚感。有关疾病的诸种心理学理论全都成了一种把责任置于患者身上的有力手段。患者被告知是他们自己在不经意间造成了自己的疾病，这样好让他们感到自己活该得病。

8

疾病是惩罚这种观点由来已久，对癌症来说，此类观点尤其兴盛。有一些说法，如与癌症"抗争"或"征服"癌症；癌症是"杀手"疾病；癌症患者是"癌症牺牲品"。表面看来，癌症似乎成了罪犯。但癌症患者也被弄得像是犯了罪似的。广为人们接受的那种有关疾病的心理学理论把患病和康复的最终责任全都加在不幸的患者身上。不把癌症仅仅当作一种疾病来治疗，而是当作恶魔般的敌人来对待，这种成见使癌症不仅被看作了一种不治之症，而且是一种羞耻之症。

在麻风病肆虐时期，它也曾引起类似的大得不相称的恐怖感。在中世纪，麻风病人被看作是一个社会性文本，从中可以看出社会的腐败；是道德的一则劝谕，是腐化的一个象征。没有比赋予疾病以某种意义更具惩罚性的了——被赋予的意义无一例外地是道德方面的意义。任何一种病因不明、医治无效的重疾,都充斥着意义。首先,内心最深处所恐惧的各种东西(腐败、腐化、污染、反常、虚弱)全都与疾病划上了等号。疾病本身变成了隐喻。其次,藉疾病之名(这就是说,把疾病当作隐喻使用),这种恐惧被移置到其他事物上。疾病于是变成了形容词。说某事像疾病一样,是指这事恶心或丑恶。在法语中,描绘被侵蚀的石头表面时,依然用"像患麻风病似的"(lépreuse)这个词。

流行病通常被用来作为描绘社会混乱的一种修辞手法。从"腺鼠疫"(pestilence,即腹股沟淋巴结鼠疫)这个名词派生出"致命的"(pestilent)这个形容词,根据《牛津英语辞典》,它的比喻意义是"对宗教、道德或公共安宁有害的"(第一五一三页);另一个派生词"伤风败俗的"(pestilential)的意思是"道德上有害的或恶劣的"(第一五三一页)。对邪恶的感受被影射到疾病上。而疾病(被赋予了如此之多的意义)则被影射到世界上。

※　※　※

在过去,这类夸张的幻象经常被附着于那些作为群体性灾难的流行病上。在最近的两个世纪,那些最经常被当作邪恶之隐喻使用的疾病,是梅毒、结核病和癌症——这些疾病被想象成显然属于个体的疾病。

梅毒不仅被看作是一种可怕的疾病，而且是一种羞耻的、粗俗的疾病。反民主派人士用它来描述平等时代的渎神行为。在为自己一直没有完成的一部评论比利时的书所作的笔记里，波德莱尔写道：

> 我们每个人的血管里都有共和精神，就像我们每个人的骨头里都有梅毒——我们全都被民主化了，被梅毒化了。

就梅毒是一种腐化道德和损害身体的传染病而言，它在十九世纪末期和二十世纪初期的反犹主义的辩论言论中，变成了一个常用的比喻。威尔海姆·赖希在一九三三年指出："对梅毒的非理性恐惧，是国家社会主义的政治观及其反犹主义的主要来源之一。"但尽管赖希意识到《我的奋斗》令人厌恶地一再提到梅毒，从而把性和政治的恐惧影射到这种疾病上，他却从未想到他自己反反复复把癌症作为现时代的各种灾祸的隐喻来使用，又把多少东西影射到了癌症上。实际上，作为隐喻，癌症可比梅毒延伸到更广的范围。

作为一个隐喻，梅毒的功能有限，因为这种疾病本身不被看作是神秘的；只是可怕而已。病毒的遗传（易卜生的《群鬼》），性冒险带来的风险（查尔斯-路易·菲利普的《蒙巴那斯的布布》，托马斯·曼的《浮士德博士》）——这些，都充满了对梅毒的恐惧。但没有神秘。梅毒的病因是清楚的，而且被认为是单一的。梅毒是一件最恐怖的礼物，由一个可能对自己的梅毒一无所知的传送者"传给"或"带给"一个对传送者毫无疑心的接受者。与此不同，结核病却被看作是一种神秘的折磨，病因也多种多样——这就像当今，一方面每个人都承认癌症是一个悬而未决的谜团，可另一方面又大多承认癌症的病因是多重的。众多的因素都被认为应对癌症负责，诸如环境中诱发癌症的物质（致癌物）、基因构成、免疫力和抵抗力的降低（因先前患过病，或遭受过情感折磨）、性格倾向等。许多研究者认为，癌症不是只有一种，从临床上说，有一百多种不同的癌症，每一种都得单独研究，而最终探索出来的治疗方法将是一系列不同的疗法，每一种疗法对应于一种癌症。

当今有关癌症多种成因的观点，与以前那种长期流行不过现已失信的有关结核病的观点，有相似之处，这就暗含着这么一种可能性，即癌症终究只有一种，而且正如结核病一样，它将被发现只存在一个主要病因，可由同样的一套治疗方案来控制。实际上，正如路易斯·托马斯所观察到的，所有那些病因已被查明、并且能被控制和治愈的疾病，最终都被证明只有一个生理原因——如双球菌之于肺炎，结核杆菌之于结核病，维他命缺乏之于糙皮病——因此，极有可能，将来也会为癌症找到类似的单一的东西（即单一的病因和单一的治疗方法)。一种疾病只有通过种种不同的病因才能够作出解释,这种观点正好体现了看待那些尚不清楚病因的疾病的思考方式的特征。正是那些被认为具有多重病因的(这就是说,神秘的)疾病,具有被当作隐喻使用的最广泛的可能性,它们被用来描绘那些从社会意义和道德意义上感到不正确的事物。

※ ※ ※

结核病和癌症不仅一直被用来表达有关污染的恐怖幻象(如梅毒一样),而且被用来表达有关力量、虚弱以及有关活力的一些相当复杂的情感。在超过一个半世纪的时间里,结核病为雅致、敏感、忧伤、柔弱提供了隐喻性的对等物;而那些似乎冷酷、无情、损人利己之事,则被类比为癌症(因此,波德莱尔于一八五二年在《异教徒学校》一文中指出:"对艺术的疯狂激情,是吞食其他一切的癌瘤……")。结核病是一个暧昧的隐喻,既可以意指灾祸,又可象征高雅。癌症却从来就只被看作灾祸;在隐喻意义上,癌症是一种内在的野蛮状态。

梅毒被看作是一种被动地感染上的疾病,是一种纯属偶然的灾难。结核病曾被看作是一种活力方面的疾病,意志方面的疾病,癌症现在也被这样看待。对精力和情感的焦虑,对它们造成的灾难的恐惧,全都被附着于这两种疾病。患结核病，被认为显示了活力的缺乏或活力的误耗。"太缺乏活力……体质上也太弱。"——狄更斯在《董贝父子》中如是描绘小保罗。维多利亚时代关于结核病是一种低能量（以及被强化的敏感性的）疾病的观点，在赖希关于癌症是一种未发泄出来的能量（以及情感麻痹）的疾病的观点中得到确切的补充说明。在一个创造性似乎无所限制的时代，人们担心自己缺乏足够的能量。在我们这个因经济发展而导致破坏性的过度生产以及官僚体制日益强化对个体的控制的时代，既存在着一种对太多能量的恐惧，又存在着一种对能量不允许被发泄出来的焦虑。

正如弗洛伊德有关"本能"的匮乏经济学的理论一样，十九世纪产生（并一直延续到我们这个世纪）的那些有关结核病的幻象，反映出早期资本主义对于积累的态度。人们那时只拥有有限的能量，得"用在刀刃上"（在十九世纪的英语俚语中，性高潮体验被说成是"丢了"，而不是当今所说的"来了"①）。能量，正如储蓄，会因胡乱支出而耗尽、耗空或

---

① "丢了"和"来了"，原文分别为"spending"和"coming"，是对性高潮到来的那一瞬间的俚俗说法。就性别而言，前者更侧重男性的性高潮体验，所以有"耗费"之意，仿佛是一种能量支出。这里透露出一种对能量耗费的焦虑，如中国武侠小说中常常谈到的那样，而若能修炼"童子功"，保全"真阳"、"元气"，则被认为具有一种神秘的力量。女性的性高潮体验被发现和被认可的时间要晚得多，以前女性一直被认为是一个消极的接受者。"来了"这个后来产生的俚语既可用于男性的性高潮体验，又可用于女性。考虑到这两个词是俚语用法，姑且译为"丢了"和"来了"。"丢了"是中国明清色情小说（如《肉蒲团》）中的习用语，《肉蒲团》第三回甚至还有一大段有关"丢"的定义，不过，在《肉蒲团》中，"丢"既可用于男性，又可用于女性。——译者

用完。身体将因此而开始"销蚀"自身,患者将"耗尽"。

用来描述癌症的语言让人联想到一种不同的经济灾难:不受节制的、畸形的、混乱的增长导致的经济灾难。肿瘤有能量,而不是患者有能量;"它"失控了。根据教科书的说法,癌细胞是一类排除了那种"限制"生长的机制的细胞(由于一种所谓"接触限制"的机制,正常细胞的生长是"自我限制的")。癌细胞的生长是没有限制的,它们会以一种"混乱的"方式不断地生长和蔓延,破坏身体的正常细胞、构造和功能。

早期资本主义认可按计划花销、储蓄、结算以及节制的必要性——是一种依赖于对欲望进行理性限制的经济。结核病被描绘成了这么一些意象,它们囊括了十九世纪经济人的种种负面行为:消耗,浪费,以及挥霍活力。发达资本主义却要求扩张、投机、创造新的需求(需求的满足与不满足的问题)①、信用卡购物以及流动性——它是一种依赖于欲望的非理性耽溺的经济。癌症被描绘成了这么一些意象,它们囊括了二十世纪经济人的种种负面行为:畸形增长以及能量压

---

① 发达资本主义的市场不仅以满足消费需求为目标,而且更以创造新的消费需求来维持和刺激再生产。大众传媒不断地创造出新的"生活方式"和想象力形式,使消费者的消费欲望永远处于不满足的状态。赫伯特·马尔库塞在《爱欲与文明》一书中曾把发达资本主义的需求区分为"真实需求"(或基本需求)和"虚假需求"(或剩余需求)两种,所谓"创造新的需求",即创造"虚假需求"或"剩余需求"。桑塔格的这些类似的术语,想必受了马尔库塞的著作的影响。——译者

抑，后者是指拒绝消费或花费。

※ ※ ※

像精神错乱一样，结核病被理解成一种偏执：是意志的失败，或是情感过于强烈。不过，不管结核病如何令人望而生畏，它总能唤起同情。就像当今的心理疾病患者一样，结核病患者被认为是十分脆弱、充满自暴自弃的冲动的人。十九世纪以及二十世纪初的医生们致力于使结核病患者恢复健康。他们开出的处方与当今开给心理疾病患者的开明处方异曲同工：宜人的环境、远离压力和家人、健康的饮食、锻炼以及休息。

但对癌症的那种理解，却支撑着那些与此迥然不同、明显充满野蛮色彩的治疗观念（经常从医生和患者嘴里听到的一句流行于肿瘤医院的俏皮话是："比起癌症本身来，治疗要糟糕得多。"）。根本就不可能有娇惯癌症患者这回事。既然患者的身体被认为受到了攻击（"入侵"），那惟一的治疗方法就是反击。

在对癌症的描述中，处于支配地位的那些隐喻事实上并不是取自经济学，而是取自战争语言：每一位医生，每一位留意的患者，全都熟悉这种军事术语，即便他们或许不习惯这种军事术语。于是，癌细胞不徒"增生"而已；而且，它们具有"侵犯性"(正如某本教科书所表述的那样:"恶性肿瘤即使生长非常缓慢,也在入侵[其他身体组织]。")。癌细胞在推行"殖民化",从其最初所在的肿瘤,一直推进到与肿瘤相距甚遥的身体其他部分,它们先是建立一些小小的前哨("微小转移"),尽管这些前哨的确切位置不能被侦察到,却肯定存在。身体的"防卫阵地"的力量不足以消灭那种已建立自己的血液供给线、由数十亿破坏性细胞大军组成的肿瘤。不管外科手术的介入如何"猛烈",不管对身体地形进行多少次"扫描",缓解大多是暂时的;预计"肿瘤入侵"将卷土重来,或者,那些捣蛋的细胞将最终集结起来,对肌体发动新一轮的进攻。

对癌症的治疗也具有一种军事风格。放射疗法使用了空战的隐喻;患者被放射线所"轰击"。化学疗法是化学战,使用了有毒物。① 治疗的目的是"杀死"癌细胞(同时希望不危及患者本人的性命)。患者被告知,甚至三番五次地被告知,治疗具有令人不快的副作用("化疗的痛苦"是一种屡闻不鲜的说法)。健康细胞的被损害或毁坏在所难免

---

① 含氮芥气类的药物(所谓烷基物)——如环磷酰胺——是第一代癌症药物,先是用于白血病(此病以发育不全的白细胞的大量繁殖为特征),后又用于其他种类的癌症。这些药物被用于癌症,是受了第二次世界大战临近尾声时一次漫不经心的化学战实验的启发,那时,一艘装载着氮芥气的美国船只在那不勒斯港被炸毁,船上大多数船员不是死于烧伤或大量吸入海水,而是死于白细胞和血小板数的过于偏低(这就是说死于骨髓中毒)。

化学疗法与武器似乎如影相随,恰如一个幻影。现代化学疗法的首次成功运用,是针对梅毒:一九一〇年,保罗·埃尔利希把砷诱导剂(砷丸纳明)引入梅毒治疗,而这种药物被称为"魔弹"。

（确实，用来治疗癌症的某些方法本身就能引发癌症），不过，只要能拯救患者的生命，对身体的几乎任何损害都被认为是正当的。当然，这种疗法经常不见效（正如以下这句话里包含的那种意思："为拯救本苏克，我们不得不摧毁它。"）。除了身体，一切都考虑到了。

随着细菌在十九世纪八十年代被确定为疾病的载体，军事隐喻在医学中第一次获得了广泛使用。细菌据说能"入侵"或"渗透"。然而，这种以包围、战争等词汇来描述疾病的言谈方式，因癌症而在今天获得了一种令人吃惊的明确性和权威性。不仅该疾病的临床过程及其医学治疗被如此描述，而且该疾病本身也被视为敌人，整个社会将对其发起进攻。近来，针对癌症的战争听起来像是一场殖民战争——政府为此投入同样巨额的资金——在殖民战争进行得并不顺利的那十年间，这种军事化的修辞也似乎放起了回火枪。对治疗效果的悲观主义看法在医生们中间逐渐抬头，尽管自一九七〇年以来，化学疗法和免疫疗法已取得巨大进展。那些负责报道"对癌症的战争"的记者们，时不时地提醒公众要区分官方的夸夸其谈与实际存在的严酷事实；数年前，一位科普作家发现，美国癌症学会宣称癌症可被治愈，治疗方法业已取得进展，令人"联想到在美国陷入越南战争泥潭以前的那种越南战争乐观主义"。然而，对环绕癌症的那些浮词巧语持怀疑态度是一回事，而对众多孤陋寡闻而又执意认为癌症治疗方法并无显著进展、癌症并非真能治愈的医生表示支持,又是另一回事。美国癌症机构的庸人们不知疲倦地欢呼即将到来的对癌症的胜利,而众多癌症专家却持一种职业悲观主义态度,他们说起话来,倒像是那些陷入漫长的殖民战争泥潭中的充满厌战情绪的军官们——在有关癌症的这种军事修辞中,此乃两种孪生的变体。

※ ※ ※

随着癌症意象延伸进了越来越宏大的战争图式,随之产生了其他变体。正如结核病被表现为意识的精神化,癌症被理解为是对意识的沉压或消弭(被一个无知的"它"所沉压或消弭)。就结核病的情形而言,患者是在消弭自己,使自己变得优雅,回归到核心,即那个真实的自我。就癌症的情形而言,那些非智性的(即"原始的"、"幼稚的"、"隔代遗传的")细胞大量增生,患者于是被那个非我所取代。免疫学家把身体的癌细胞归类为"非我"。

值得注意的是,比任何其他人都更卖力地推广这套癌症心理学理论的赖希,居然也在生物圈里发现了某种与癌症对等的东西:

> 存在着一种致命的放射能。它存在于大气中。你可

以在诸如盖革计数器等仪器上发现它的踪迹。它具有沼泽似的性质……淤滞的、有害的水既不流动，也不新陈代谢。癌症也是如此，起因于肌体生命能之流的淤滞。

赖希的语言具有无与伦比的自身连贯性。随着癌症的隐喻用法获得了可信度，癌症越来越被看作是赖希当初所认为的那样，是一种宇宙病，是肌体所接纳的所有那些破坏性的、异己的力量的象征。

结核病是源自病态的自我的病，而癌症却是源自他者的病。癌症依据科幻小说的故事情节而逐步展开：是"异己的"或"突变的"细胞的入侵，其力量比正常细胞要强大（如《盗尸者的入侵》、《难以置信的萎缩人》、《疙瘩》、《物》中的情形）。一个常见的科幻小说情节是：发生了突变，要么是外太空的异形物来到了地球，要么是人类自身中偶然发生了异变。癌瘤可以被描绘成已经大获全胜的一种突变，而突变现在成了有关癌症的一个主要意象。作为癌症的一种心理起源说，赖希所提供的这幅意象——能量受阻，不被允许向外释放，因而只得返回自身，迫使细胞处于疯狂状态——已经成了科幻小说的创作素材。而赖希提供的另一幅意象，即大气中存在着死亡——所谓死亡，乃指一种致命性的能量，它在盖革计数器上可观测到——则显示出科幻小说中有关癌症的意象（癌症是这么一种疾病，它由致命性射线所导致，又以致命性射线来疗治）在多大程度上反映了人们对癌症的集体梦魇。起初是这么一种恐惧，即担心自己暴露在原子射线中，会导致下一代的基因突变；但是，随着统计资料开始显示广岛和长崎两地的幸存者及其后代中癌症患病率大大偏高，这种恐惧就被另一种恐惧所取代了。

癌症成了那些拥有极其可怕的能量的东西的一个隐喻；这些能量最终将损害自然秩序。在托马索·兰多菲创作的一部科幻小说故事里，那艘太空船被称作"癌症女王"（在结核病隐喻的范围内，难得找到这么一位作家，他居然会为一艘无畏级战列舰想象出"痨病女王"这个名称）。当癌症还没来得及被当作潜伏于自我深处的某种心理之物而好歹对付过去时，就被大加夸张，并被投射进了一个隐喻，来喻指最强大的敌人以及最远大的目标。因而，尼克松为了与肯尼迪当初所许下的把美国人送上月球的那个许诺一决高低而夸下的那个海口，恰好是"战胜"癌症的许诺。两者都是充满科幻小说色彩的冒险。与设立太空计划的立法相对应的，是一九七一年通过的《联邦癌症法案》，该法案并不去正视那些能使造成污染的工业经济得到控制的切实可行的决议——它只有一个大目标：治疗。

结核病曾是一种效劳于某种具有罗曼蒂克色彩的世界观的疾病。如今，癌症所效劳的，却是一种过于简单化的世界观，一种有可能转变成狂想症的世界观。癌症经常被认为是妖魔附体的一种形式——肿瘤是"恶性的",或者是"良性的",像是各种势力——众多的癌症患者被吓破了胆,忙不迭地去寻找信仰疗法师,好祛除身上的妖魔。以团体的形式支持诸如苦杏仁苷之类有危害性的秘方的主要社会组织,是一些极右团体,对这些团体的充满偏执狂色彩的政治来说,一种有关癌症奇迹治疗法的幻象,以及一种对不明飞行物之存在的信念,是不无用处的补充(约翰·伯奇学会发行了一部长达四十五分钟的影片,片名叫《无癌的世界》)。对那些思想更复杂一些的人来说,癌症标志着受到伤害的生态圈的反叛:是大自然对一个邪恶的技术统治的世界的报复。那些拿给普通公众看的粗略的统计数字,诸如百分之九十的癌症是"因环境造成的",或者因饮食不当和吸烟而患癌症去世的人占癌症患者死亡总数的百分之七十五,既唤起了一些不切实际的希望,又引发了毫无理智的恐慌。伴随着这种数字游戏的(任何此类有关"所有癌症"或"所有患癌症而死亡的人"的统计数字都难以站住脚),是一长串我们原先用之不疑、现在却被发现有致癌性的产品的清单,如烟卷、染发剂、熏肉、糖精、用激素喂养的家禽、杀虫剂、低硫煤等等。X光是致癌的(原本用来救治人的东西反倒成了致人于死地的东西);同样,来自电视机、微波炉和荧光钟面的射线也是致癌的。正如梅毒一样,当下的一次无知或随意的行为——或暴露[在有害射线中]——都可能造成未来的悲惨后果。同样，众所周知的是，众多产业工种的产业工人的患癌率很高。尽管隐藏在这些统计数字背后的导致癌症的确切原因尚不清楚，然而，有一点似乎是清楚的，那就是许多癌症可以预防。但是，癌症并不仅仅是工业革命所带来的一种疾病（例如阿卡狄亚地区也存在癌症），也肯定不仅是资本主义的一种罪孽（俄罗斯人的工业生产能力有限，但其污染却甚于我们）。当今广为流传的把癌症视为工业文明的一种疾病的观点，与那些极右团体的"无癌的世界"（如同一个没有破坏分子的世界）的幻觉一样，在科学上都站不住脚。两者都建立在一种错误感觉上，即癌症分明是一种"现代"疾病。

中世纪对瘟疫的体验，摆脱不了道德污染这类顽固的观念，人们总是在瘟疫肆虐地区之外寻找一个替罪羊（全欧洲范围内对犹太人的前所未有的大屠杀，发生在一三四七年和一三四八年，而一旦瘟疫结束，大屠杀就立刻停止了）。而就现代疾病而言，就不那么容易把替罪羊从患者本人身上分离出去。但随着这些疾病变得越来越个体化，它们同样也吸纳了传染疾的一些隐喻（那些仅仅被看作是流行病的疾病，作为隐喻，越来越派不上用场，譬如人们几乎全然遗忘了一九一八到一九一九年间的那场流行性感冒，就是一个明证，在那场流行性感冒中，死去的人比第一次世界大战四年间死去的人还要多）。如今，说癌症是因"环境"所致，就如同过去——现在仍是如此——说癌症是因情绪失调所致一样，都已成为老生常谈。过去，结核病被认为与污浊有关（弗罗伦丝·南汀格尔认为结核病是"因居所龌龊空气所致"），而现在，癌症被认为是整个世界的污染导致的一种疾病。结核病曾被看作是"白瘟疫"。现在，由于人们对环境污染的敏感，他们开始认为，存在着一种癌症"流行病"，或者是癌症"瘟疫"。

9

疾病常常被用作隐喻，来使对社会腐败或不公正的指控显得活灵活现。传统的疾病隐喻主要是一种表达愤怒的方式；与现代隐喻相比，它们相对来说缺乏内容。以"政体"内部之感染这一常见的隐喻形式为本，莎士比亚发明了许多隐喻变体——不用费神在"传染"、"感染"、"脓肿"、"疮"、"溃疡"和我们称作"瘤子"的那种东西之间进行细分。由于目的无非是抨击，所以疾病只被分为两类：一类虽然痛苦却可治愈，另一类则可致人于死地。特殊的疾病被拿来充当一般疾病的样本；任何疾病都没有自身独特的逻辑。疾病意象被用来表达对社会秩序的焦虑，而健康则是人人理当清楚明了的东西。此类隐喻对现代那种认为存在一种特定的主导疾病的观念没有影响，在这种现代观念中，健康本身成了颇有争议的东西。

诸如结核病和癌症这样的大病，人们更是众说纷纭、莫衷一是。人们用它们来提出有关个体健康的新的重要指标，用它们来表达对社会的不满。伊丽莎白时期的隐喻被用来表达对某种终究会波及个体的总体失调或公共灾难的不满，与此不同，现代的隐喻却显示出个体与社会之间一种深刻的失调，而社会被看作是个体的对立面。疾病隐喻被用来指责社会的压抑，而不是社会的失衡。它们时不时地出现在浪漫派把心与脑、冲动与理性、自然与人工、乡村与城市对立起来的奇谈阔论中。

十九世纪早期发明了治疗结核病的一种方法，即前往气候更适宜的地方旅行，但医生所建议的旅行目的地却矛盾之极。南方、山区、沙漠、岛屿——地点尽管各不相同，却恰好有一个共同点：离弃城市。在《茶花女》中，当艾尔弗雷多赢得了维欧莱塔的芳心后，就随即把她从邪恶、不健康的巴黎迁到了有益于健康的乡下：立刻，她就康复了。而当维欧莱塔离开乡村，重返城市，就等于放弃了幸福——在城市，她的厄运已经注定，结核病重新回到她身上，她死了。

癌症隐喻将离弃城市这一主题扩展了。当城市事实上还未被看作是致癌环境前，城市自身就已被看作是癌症——是一个畸形的、非自然增长的地方，一个充斥着挥霍、贪婪和情欲的地方。在《活的城市》（一九五八）中，弗兰克·利奥伊德·赖特将早期城市与现代城市作了一番比较，认为早期城市是一个健康的肌体("那时的城市无害于健康")。他说:"看任何一个大城市纵横交错的平面图,就是在看纤维瘤的纵横交错的切片。"①

在整个十九世纪,疾病隐喻变得更加恶毒,荒谬,更具蛊惑性。存在着一种与日俱增的倾向,把任何一种自己不赞成的状况都称作疾病。本来被认为像健康一样是自然之一部分的疾病,成了任何"不自然"之物的同义词。在《悲惨世界》中,雨果写道:

> 隐修的生活方式,譬如曾经出现于西班牙并仍见于西藏的那种隐修的生活方式,对文明来说,是一种结核病。它弃绝生活。它轻易地减少人口。幽闭,阉割。它是欧洲的灾祸。

毕夏在一八〇〇年把生命定义为"抵抗死亡的那些功能的汇集"。生与死之间的这种对比,将转换成生与病之间的对比。疾病(被等同于死亡)成了生命的对立物。

---

① 社会学家赫伯特·甘斯使我注意到十九世纪后期和二十世纪初期清除贫民区运动和"标准住房"运动中结核病所具有的意义以及结核病的假想的或真正的威胁,贫民窟的住房被认为"滋生"结核病。在二十世纪五十年代,在有关城市规划与住宅计划的修辞里,发生了一个转换,结核病为癌症所取代。"破败"(贫民窟实质上的同义词)被看作是一种悄悄扩散的癌症,而当有色种族和穷人搬进了中产阶级的居住区时,"入侵"这个用来描绘这种迁入现象的词,既是借自癌症的一个隐喻,又是借自军事的一个隐喻:两种话语重合在了一起。

葛兰西在一九一六年的《社会主义与文化》一文中谴责

> 那种把文化看作百科全书似的知识的思维习惯……这种形式的文化被用来创造那种苍白的气喘吁吁的唯理智论……它业已产生了一大群夸夸其谈的人和做白日梦的人,他们对健康的社会生活所造成的危害,要甚于结核病或梅毒细菌对身体的美和健康所造成的危害……

在一九一九年,曼德尔斯塔姆写下了对帕斯捷尔纳克的赞美之辞:

> 阅读帕斯捷尔纳克的诗作,就如同使嗓子变得干净、呼吸变得有力、肺部真气充盈;这种诗歌必定是健康的,对结核病是一种很好的治疗。在当代,还不曾出现比这更健康的诗歌。它就像是在喝过了美国听装牛奶后再去品尝 koumiss(俄罗斯乳酒)。

马里内蒂在一九二〇年斥责共产主义时说:

> 共产主义是那种总是摧残人性的官僚癌症的恶化。它是一种德国癌症,是德国特有的那种以摆弄概念为特色的作风的产物。任何为卖弄学问而摆弄概念的作风都是反人性的……

这位头一批加入法西斯党的意大利作家攻击共产主义的原因，是认为其邪恶，而邪恶同样是意大利共产党那位未来的创始人攻击某种资产阶级文化观念的理由（"[它]确实有害，尤其是对无产阶级，"葛兰西说）——因为它矫揉造作、学究气、死板、了无生气。一直以来，人们都习惯于援引结核病和癌症［作为隐喻］，来谴责那些具有压抑性的习俗和空想，压抑力量被想象成某一种环境，它或使人丧失活力（结核病），或使人丧失灵活性和冲动（癌症）。现代疾病隐喻使一个健全社会的理想变得明确，它被类比为身体健康，该理想经常具有反政治的色彩，但同时又是对一种新的政治秩序的呼吁。

※ ※ ※

秩序是政治哲学最早关切的东西，如果把城邦政体比作有机体是行得通的话，那把国家的失序比作疾病，也行得通。那些把政治混乱类比为疾病的古典表述方式——自柏拉图以降，一直到霍布斯——把关于均衡的古典医学（以及政治）观念作为自己的预设前提。疾病源自失衡。治疗的目标是恢复正常的均衡——以政治学术语说，是恢复正常的等级制。大体来说，这种诊断总还是乐观的。按理，社会是永远不会患上一种不治之症的。

当马基雅弗利使用某个疾病意象时,其假定前提是:该疾病可治愈。"痨病,"他写道:

> 在发病之初易于治疗,却难以发现;而如果它既没有在合适的时候被发现,又没有依据正确的原理加以治疗,那它就会变得易于发现,却难以治疗了。国家大事亦莫不如此,在它们降临前,惟才智之士早有预见,因而,它们所滋生出的邪恶就能迅速被祛除;但是,若缺了这份先见之明,那国家大事就将陷入病祸中,以致恶化到这种地步,即谁都看出了问题,却再也没有回天之术。

马基雅弗利援引结核病,是把它当作一种只要及早发现(在症候几乎尚未显露之时)就可被治愈的疾病。只要有一种恰当的预见性,那么疾病的进程并非不可逆转;对政体内发生的混乱来说,也是如此。马基雅弗利提供的这个疾病隐喻,与其说是关于社会的,还不如说是关于治国术(被看作是一种治疗术)的:正如要控制恶疾,少不了深谋远虑,要控制社会危机,亦需要先见之明。它是一个有关预见的隐喻,也是对预见的呼吁。

在政治哲学的主流传统中,把国家失序类比为疾病,是为了以此来敦促统治者追求更为理性的政策。"尽管造化所限，一切终归消亡，"霍布斯写道：

> 但是，如果人们运用他们自诩拥有的理性，那么他们的共同体将会获救，至少，不会亡于内部的疾病……因而，当共同体不是因外部暴力、而是因内部混乱而走向解体时，其责不在臣民，他们不过是些原材料而已；而在君王，原材料的塑造者。

霍布斯的观点决无宿命色彩。统治者有责任、亦有能力（通过运用理性）去控制混乱。对霍布斯来说，谋杀（"外部暴力"）是一个社会或机构消亡的惟一"自然"方式。而因内部混乱——类比为疾病——而归于消亡，则是自杀，而这大可避免：它是意志导致的一个行为，或更确切地说，是意志的失败（这就是说，理性的失败）导致的一个行为。

疾病隐喻被运用到政治哲学里，是为了以强化的效果来呼吁人们作出理性反应。马基雅弗利和霍布斯看重医学智慧的这么一个方面，即当某种恶疾尚处于相对容易控制的阶段时，及早根治甚为关键。疾病隐喻也可以被用来敦促统治者去获得另一种先见之明。一七〇八年，沙夫茨伯里勋爵写道：

> 必须让人类的某些体液有发泄的机会。就其自然本性来说，人的思想与身体全都屈从于骚动……正如

血液中存在着一些奇特的酵素，在众多的身体里引起了异乎寻常的发泄……倘若医生们费尽心机地去平息身体的骚动，去阻断这些已经处于此种喷发状态的体液，那他们就不是在提供治疗，而可能是在不遗余力地引发一场瘟疫，把春天的疟疾或秋天的暴饮暴食恶化成了一种恶性的流行性热病。他们无异于政体中那些非要千方百计地干预心理喷涌的庸医们，这些庸医在疗治迷信瘙痒症和拯救灵魂于狂热传染症的堂皇托词下，使得整个自然都陷入骚乱中，硬是把青春期冒出来的那么几处红斑，恶化成了狂热炎症和道德坏疽。

沙夫茨伯里的观点是，容忍一定量的非理性（"迷信"、"狂热"），是理性的，而严厉的压制措施却可能使混乱恶化，而不是使其得到整治，实际上把本来不过令人厌恶的东西恶化成了一场灾难。对政体不应该过度施以药石；不应该为每一种混乱都寻找到一剂药。

对马基雅弗利来说，是预见；对霍布斯来说，是理性；对沙夫茨伯里来说，是容忍——所有这些基于某种医学类比的思想，全都关乎这一问题，即合宜的治国术能够防范致命的混乱。社会被设想为大体上是健康的；疾病（混乱）大体上总是能被控制的。

※ ※ ※

在现代，政治修辞中对疾病意象的运用，包含着另外一些假定，这些假定可就不那么温和了。现代有关革命的思想削弱了疾病隐喻的那种古老的、充满乐观色彩的用法，因为它基于以下这么一种判断，即现存的政治境况处于始终如一的严峻状态。约翰·亚当斯在一七七二年十二月的日记中写道：

> 我眼前的前景……非常黯淡。我的国家深陷于不幸中，几乎看不到任何希望之所寄……整个民族因争斗似乎已耗尽了元气，而中饱私囊、奴颜婢膝和卖淫嫖娼像癌症一样侵蚀和扩散。

从此，政治事件大多开始被定义为史无前例的，激进的；到后来，则无论是民众骚乱，还是战争，事实上全都逐渐被看成了革命。正如人们可能料想到的，现代意义上的疾病隐喻并不是伴随美国革命而进入其全盛阶段的，而是伴随着法国大革命——尤其是在保守主义者对法国大革命作出的反应中。在《对法国大革命的反思》（一七九〇）中，爱德蒙·伯克把法国大革命与早些时候的战争以及民众骚动作了一番对比，认为法国大革命具有一个全新的特征。在此之前，不管发生怎样的灾祸，"国家的……机构，不论怎样被毁坏，却依然存在"。但是，他对法国人说，"你们目前的混乱，像中风一样，毁掉了生命本身的源泉。"

正如古典的城邦理论紧步四体液说的后尘一样，现代政治思想也为现代有关疾病的观念所补充。疾病等于死亡。伯克援引了中风（以及"一种腐蚀记忆的恶性溃疡"）。重点很快转移到了那些令人厌恶的或具有致命性的疾病上。此类疾病不能控制，或不能治疗；它们只能被攻击。在雨果以法国大革命为素材创作的小说《九三年》（一八七四）中，被送上断头台的革命者郭文为革命开脱责任，尽管革命造成了流血，这当中也包括自己行将面临的处决：

> 因为这是一场风暴。风暴总是知道自己在做什么……文明处在瘟疫的魔爪中；而革命的暴风受命前来拯救。也许，它别无选择。试问，它还能采取别的方式吗？它被委以扫荡疾病的重任！面对这场可怕的传染，我理解了革命风暴何以如此猛烈。

这并非最后一次，革命暴力的正当性被置于这一基础上，即社会患上了某种恶性的、可怕的疾病。在现代政治话语中，疾病隐喻的夸张透露出一种惩罚性的观念：这并不是说疾病是一种惩罚,而是疾病被当作了邪恶的标志,某种将被惩罚的东西的标志。

现代极权主义运动,无论是右派的,还是左派的,都一直特别——而且赤裸裸地——偏向于使用疾病意象。纳粹宣称,血液中混有其他"种族"血统的人,都像是梅毒患者。欧洲犹太人一再被类比为梅毒,类比为必须予以切除的癌瘤。疾病隐喻是布尔什维克论战时常用的手法,而所有共产主义论辩家中最有天赋的托洛茨基是最大量地使用这些隐喻的人——尤其是在一九二九年他被逐出苏联后。斯大林主义被他称作霍乱、梅毒和癌症。① 对政治中的那些人物形象仅采用致命疾病加以描绘,这赋予了疾病隐喻一种更为突出的特征。现在,把一场政治事件或一种政治状况比作一种疾病,就是在把罪恶归咎于它,为它开出惩治的药方。

就把癌症当作隐喻使用的情形来说,尤其如此。使用癌症隐喻,就等于是在说,这个政治事件或这种政治状况是一

---

① 参照艾萨克·多伊彻所著的《被逐的预言家:托洛茨基,一九二九——九四〇》(一九六三),其中写道:"'有些措施,'托洛茨基[一九三八年三月二十一日]致[菲利普·]拉夫的信中说,'对反击错误理论的斗争来说是必需的,另有一些措施对反击霍乱流行是必需的。与其说斯大林接近于一种错误理论,还不如说接近于一场霍乱。对他的斗争必须是严厉的、残酷的、无情的。狂热主义的方式是……有益的。'"再有:"托洛茨基谈及'斯大林主义梅毒'或那种'必须用烧红的烙铁从劳工运动中烧去的癌瘤'……"
值得注意的是,索尔仁尼琴的《癌症病房》竟没有把癌症当作隐喻使用——用在斯大林主义上,或别的什么东西上。索尔仁尼琴希望该小说能在苏联获得发表,并没有拿它来含沙射影,一九六七年他向作协委员会陈辞道,该小说的标题并非如某些人指控的那样,是"某种象征",此外,"主题显而易见确实是有关癌症的"。

种彻头彻尾的邪恶，是一种无法改变的邪恶。这样，它就大大提高了指责者的本钱。希特勒在平生第一本政治小册子里，即写于一九一九年九月的那篇反犹主义的讽刺文章里，指责犹太人"在各民族中"制造了一种"种族性结核病"。① 那时，结核病仍保持着它作为一种由患者自己的任性所致、患者理当自负其责的十九世纪疾病的强大影响（回想一下雨果曾就隐修生活与结核病所作的对比）。但纳粹党徒们很快就把他们的修辞现代化了，而癌症意象的确更适合他们的目的。正如整个二十世纪三十年代有关"犹太人问题"的那些演讲所表述的，要治疗癌症，就非得切除癌瘤周围大量的健康组织。对纳粹来说，癌症意象需要一种"激进"疗法，与那种被认为适合于结核病的"温和"疗法形成对照——此乃疗养院（这就是说流放）与外科手术（这就是说焚尸炉）之间的区别。犹太人也被等同于城市生活，并成了城市生活的一个隐喻——这样，纳粹的修辞就与浪漫派的所有那种陈词滥调遥相呼应，后者曾经把城市视作使人衰弱的、纯粹智力性的、道德上受了污染的、不健康的环境。

---

① "[犹太人的] 权力是一种金钱的权力，它以利息的形式，在犹太人手里不费力地、不断地增值，并强行给各民族套上了极其危险的羁轭……每一种使别人朝更高目标努力的事情，不论是宗教、社会主义，或是民主，对他来说不过是达到目标的手段，以此来满足对金钱和统治的欲望。他的行为在各民族中带来了一种恶性的结核病……"纳粹意识形态在十九世纪后期的一位先驱者，即尤利乌斯·朗贝恩，曾把犹太人称作"不过是虫害、霍乱罢了"。不过，在希特勒的结核病意象中，已经存在着某种能轻易地转化为癌症意象的东西，即他所说的"不费力地、不断地增值"。

把某种现象描绘为癌症,就是在煽动暴力。在政治话语中使用癌症意象,就是在怂恿宿命论,使"严厉"措施正当化——同时,它也极大地强化了这一广为流传的观念,即癌症必定是致命的。疾病隐喻从来就不是清白的,但可以说,癌症隐喻是其中极其恶劣的一例:它暗示种族大屠杀。癌症意象并不是某种特定的政治观的专有物。托洛茨基曾把斯大林主义称作马克思主义[肌体上]的癌瘤;去年[一九七七年,即"四人帮"垮台的次年——译者],在中国,"四人帮"除了成了别的一些东西外,还成了"中国的癌瘤"①。约翰·迪安在向尼克松说明水门事件的原委时说道:"我们内部潜伏着一个瘤子——位于总统直属机构附近的某个地方,它正在长大。"阿拉伯人的论辩文章里惯用的那个隐喻——在过去二十年里,每一天,以色列人都可以通过电台听到——是把以色列说成是"位于阿拉伯世界的心脏部位的一颗瘤子"或"中东的瘤子",而当一九七六年八月黎巴嫩的基督教极右势力围攻塔尔扎塔的巴勒斯坦难民营时,一位官员却把该难民营说成是"黎巴嫩躯体上的一颗瘤子"。对那些希望发泄愤

---

① 原文为"The Cancer of China"。不知桑塔格女士是从何处获得一九七七年中国的政治修辞学隐喻的,但一九七七年的中国习惯于使用"毒瘤"这个更可怕的隐喻。至于限定词或形容词"毒"到底是在描绘癌瘤的程度(这时应该用"恶性肿瘤"这个医学术语),还是就其传染性而言(与结核病不同,癌症并不传染),在医学上并不十分准确。或者说,它不是一个在科学上站得住脚的词。大概是借用了癌细胞在肌体中的扩散造成健康肌体的毁坏来隐喻"四人帮"对社会肌体的危害,因此"毒"更多的是道德和政治意义上的。疾病与政治在"毒瘤"这个复合词里融合在一起,并成为中国政治话语中一个常用的隐喻。——译者

怒的人来说，癌症隐喻的诱惑似乎是难以抵御的。因此，尼尔·阿奇森在一九六九年写道，斯兰斯基事件"曾是——现在也是——捷克斯洛伐克国家和民族的躯体上一颗硕大的瘤子"；西蒙·雷斯在《中国皮影》中，谈到"毛主义的癌瘤，它正在一点点侵蚀中国的面容"；D·H·劳伦斯把自渎称作"我们文明中隐藏得最深、也最危险的癌瘤"；在对美国发动的越南战争最感绝望的时刻，我也曾写下这样的句子："白种人是人类历史的癌瘤。"

然而，在二十世纪后期，一个人怎么可能在道德上做到严谨？当有太多的事需要严肃对待，当我们感到了邪恶却又不再拥有一套宗教的或哲学的语言来理智地谈论邪恶时，我们怎样才能做到严谨？为了去了解"极端的"或"绝对的"的邪恶，我们于是寻求合适的隐喻。然而，现代的疾病隐喻都不过是些廉价货。那些真正患病的人听到他们的病名常常被人当作邪恶的象征抛来抛去，这于他们又有何助益？只有在最为有限的意义上，一个历史事件或一个历史问题才像是一种疾病。而癌症隐喻却尤其显得粗糙。它不外乎是一种怂恿，怂恿人们去把复杂的事情简单化，亦不外乎是一种引诱，即便不把人引向狂热，也诱使人感到惟有自己才是万般正确的。

比较一下癌症隐喻和坏疽隐喻，将不无启发。坏疽具有与癌症相同的一些隐喻属性——如它是无中生有的，它扩散，它令人厌恶，等等——它似乎可以负载在被辩论家挑中的任何事情上。的确，它曾经被用在了一场重大的道德论战中，即二十世纪五十年代爆发的那场反对法国在阿尔及利亚使用酷刑的论战；那本旨在揭露这种酷刑的著名的著作，书名就叫《坏疽》。不过，在癌症隐喻与坏疽隐喻之间，存在着巨大的差异。首先，对坏疽来说，病因是清楚的。它是外来的（坏疽可由外部擦伤恶化所致）；而癌症被认为是神秘的，是一种具有多重病因的疾病，既可以是内部的病因，又可以是外部的病因。其次，坏疽并不是那种遍及全身的病灾；它经常导致截肢，却不经常导致死亡；而就绝大部分癌症病例而言，癌症被认为导致死亡。是癌症一直保持着最偏激的疾病隐喻的地位，而不是坏疽，也不是瘟疫（尽管像阿尔托、赖希、加缪这些彼此非常不同的作家做了一些引人注目的尝试，想把瘟疫当作最阴森、最具灾难性的事物的隐喻）。正因为癌症隐喻如此偏激，它才尤其带有偏见——对偏执狂患者来说，对那些想把战争转化为圣战的人来说，对宿命论者（癌症＝死亡）来说，对那些执迷于非历史的革命乐观主义（即认为惟有最激进的变革才可取）的人来说，这可是一个顶呱呱的隐喻。只要如此之多的带有军事色彩的夸张之辞仍附加在癌症的描述和治疗上，那用它来隐喻"热爱和平"，就尤其不合适了。

当然，有可能，在今后的时间里，有关癌症的那种话语会发生变化。当癌症最终被弄清，当治愈率大幅升高，癌症隐喻就必定发生重大改变。随着新的治疗方法的进展，它已经在改变。随着癌症治疗中化学疗法越来越取代放射疗法，一种有效的治疗方法（一种效用已获证实的补充疗法）似乎有可能在免疫疗法中找到。在某些医学圈子里，观念开始发生转变，这些圈子里的医生们致力于强化身体对癌症的免疫力。随着治疗语言由侵略战争的军事隐喻变成描述身体"自然防卫"的隐喻（称作"免疫防卫系统"，或完全抛开军事隐喻色彩，称作身体的"免疫能力"），癌症将部分地非神秘化；至此，才可能把别的事物比作癌症，而其意不再是提供某种具有宿命色彩的诊断，也不再是呼吁人们采取一切措施打击某个致命的、阴险的敌人。到那时，把癌症当作隐喻来用，在道德上也许才行得通，而不像现在这样。

不过，到那时，也许再也没有人想把可怕之物比作癌症，因为癌症隐喻的趣味恰好在于，它指涉的是一种负载了太多神秘感、塞满了太多在劫难逃幻象的疾病。我们关于癌症的看法，以及我们加诸癌症之上的那些隐喻，不过反映了我们这种文化的巨大缺陷：反映了我们对死亡的阴郁态度，反映了我们有关情感的焦虑，反映了我们对真正的"增长问题"的鲁莽的、草率的反应，反映了我们在构造一个适当节制消费的发达工业社会时的无力，也反映了我们对历史进程与日俱增的暴力倾向的并非无根无据的恐惧。我宁可这样预言：远在癌症隐喻以如此生动的方式反映出来的那些问题获得解决之前，癌症隐喻就已经被淘汰了。

篇二

艾滋病及其隐喻

献给保罗

一九八八年八月十日

如今，重读《作为隐喻的疾病》，又有如下想法：

1

谈到隐喻，我过去指的正好是我所知的那个最早、最简洁的定义，即亚里士多德《诗学》中的那个定义（第一四五七页①）。"隐喻，"亚里士多德说，"是指以他物之名名此物。"说一物是或者像另一不是它自己的物，这是与哲学和诗歌一样古老的智力活动，也是包括科学方面的认知在内的大多数认知和表达得以从中滋生的土壤（我承认，十年前当我写作那篇反对疾病隐喻的辩论文章时，为戏仿一下隐喻性思维的充满诱惑的魔法，一开篇就使用了一个草率的、华而不实的隐喻）。当然，没有隐喻，一个人就不可能进行思考。但这并不意味着不存在一些我们宁可避而不用或者试图废置的隐喻。这就像所有的思考当然都是阐释。但这并不意味着反对"阐释"就一定不正确。

举例来说，"左"与"右"这个塑造了二十世纪政治生活大格局（同时也模糊了对它的理解）的顽固的隐喻，它根据各种政治态度和社会运动与"左"和"右"的关系，使这些态度和运动分化和两极化。"左"与"右"这对术语的出现通常可追溯到法国大革命，追溯到一七八九年国民大会对席位的安排，那时，共和派和激进派坐在大会主席的左侧，而保皇派和保守派则坐在右侧。然而，历史记忆还不足以说明这个隐喻何以能如此令人惊讶地经久不衰。它之所以能在政治话语中一直延续至今，似乎更可能是因为人们感到它适合于对那些取自有关身体空间方位——左与右，高与低，前与后——并用来描绘社会冲突的隐喻的现代世俗想象，它是一种隐喻实践，的确为那种把社会比作身体——一个由"大脑"很好控制着的身体——的由来已久的描绘方式增添了某种新的东西。也许是因为这个隐喻可用来使压制正当化，所以自柏拉图和亚里士多德以来，它一直是政治领域的主导隐喻。较之把社会比作家庭，把社会比作身体更能使社会的权威秩序显得不可避免、无可更易。

细胞病理学的创始人鲁道夫·菲尔绍以政治隐喻来谈

---

① 此处的"第一四五七页"（原文为"1457b"），非《诗学》标准单行本对应页码，而是德国学者伊玛纽尔·贝克于一八三〇年整理出版的亚里士多德著作标准本的对应页码，此标准本也是通用本。《诗学》收于贝克校编本的第二卷，第一四四七页到第一四六二页。贝克本在页面上分左右栏，分别标作 a 和 b。"1457b"是右栏编码。由于贝克本是标准通行本，所以学者引用时，一般只注明带 a 和 b 的页码，读者就知道所引的版本。参阅陈中梅译亚里士多德《诗学》（商务印书馆，二〇〇二年新版）之"引言"。陈译依据的是贝克版希腊文原文，桑塔格文中所引《诗学》第二十一章的那句话，陈译为是："用一个表示某物的词借喻它物，这个词便成了隐喻词。"桑塔格依据的虽也是贝克版，但她在文中引用这句话时，使用的却是英译，为忠实桑塔格原文故，译者依照英译译出。——译者

论身体，为这个隐喻的逆向使用的传统提供了一种罕见的具有重大科学意义的例说。在十九世纪五十年代的那场生物学论战中，菲尔绍发现采用"自由国家"这一隐喻，将有利于提升他关于细胞是生命基本单元的学说的重要性。不管有机体的结构多么复杂，有机体毕竟只是"多细胞构成的"——就如同是"多公民构成的"；身体是"共和国"或"联合共同体"。在那些集科学家和修辞家于一身的人里，菲尔绍显得颇不合常规，这倒不是因为他的那些隐喻的政治见解——以十九世纪中叶的标准来看，这些见解具有反权威色彩，而是因为他把社会（无论是否是自由社会）比作身体，与那些把社会比作复杂的、统一的系统（例如机器或企业）的方式相比，显得不同寻常。

在西方医学肇始之时，在古希腊，用来描述身体整体性的那些重要隐喻，都取自于艺术。此类隐喻之一是"和谐"，数个世纪后，它被卢克莱修挑出来嘲弄了一番，认为此一隐喻解释不了身体包含本质性和非本质性器官这一事实，或者甚至解释不了身体的物质性——这就是说：死亡。以下是卢克莱修废置音乐隐喻的那段诗文的结束部分——这是我所知的对有关疾病与健康的隐喻性思考进行攻击的最早的文字：

> 你得知晓，并非所有器官
> 全都同等重要，而健康亦非

全以它们为靠,其中只有一些——
如呼吸之气,温热的活力——
才是我们性命所依;
一旦它们离去,生命也就危在旦夕。
既然造化赋予人以心灵和才智,
那不妨让乐师们拥有那个字眼,那个
从高高的赫利孔山带下来的字眼——
或许,他们是在别处寻到它的,
好用来称呼他们的技艺中尚且无以名之之物——
我说的是和谐。不管它是何物,
还是把它交还给乐师们吧。

——《物性论》第Ⅲ部第一二四行至一三五行
（引自鲁道夫·汉普谢之英译本）

对基于这种颇有影响的笼统描述层面的有关身体的隐喻性思考,若勾勒其历史的话,还应包括众多取自其他艺术种类以及工艺,尤其是建筑的意象。有些隐喻是无法加以解释的,如圣保罗把身体说成是神庙的这种充满布道色彩的诗意说法。另有一些听上去则不乏科学意味,如把身体比作工厂,是身体在健康表象下运作的意象,或把身体比作城堡,这一身体意象则凸显了灾难。

疾病本身一直被当作死亡、人类的软弱和脆弱的一个隐喻，而城堡意象则有一个长久的前科学时代的谱系。约翰·多恩在感到死之将至时，写了一组有关疾病的著名咏事诗——《紧急时刻的连祷文》（一六二七），把疾病描绘成入侵的敌军，围攻身体城堡的敌军：

> 我们为健康费尽心机，我们谨谨于饭食、饮料、呼吸和活动，我们仔仔细细地把房屋的每一块石头擦得干干净净；同样，我们的健康也是一项长期的经常性工作；但顷刻间，一门大炮就炸毁了一切，掀倒了一切，抹消了一切；疾病也是这样，即便我们全力以赴，也防不胜防，即便我们全神贯注，它也悄然袭来……

某些部位比其他一些部位更脆弱：多恩说大脑和肝脏能抵御那种"反常的"或"叛逆的"、"像炸药一样顷刻间让心脏四分五裂的"热病的攻击。在多恩的那些意象中，入侵者是疾病。现代医学思维兴起的时间，据说是当粗略的军事隐喻变得具体之时，而这只可能发生在菲尔绍细胞病理学所代表的一种新的细察方法取得进展之时，发生在对疾病是由特定的、可辨的、可见的微生物（借助显微镜）所致这一问题获得更确切的了解之时。只有当入侵者不被认为是疾病，而是导致疾病的那些微生物时，医疗才能真正开始变得有效，而军事隐喻也才获得新的可信度和确切性。自那以后，军事隐喻越来越融入到对疾病临床状况进行描绘的各个方面。疾病被看作是外来微生物的入侵,身体以自身的军事行动来对付这种入侵,例如调动免疫"防卫"系统,而药物则是"攻击性的",如大多数化疗语言中所说的那样。

不过,在公共健康教育中,更粗略一些的隐喻却保存下来了,疾病常常被描绘为对社会的入侵,而减少已患之疾病所带来的死亡威胁的种种努力则被称作战斗、抗争和战争。在二十世纪早期,在第一次世界大战期间旨在加大对公众进行梅毒知识的教育以及战后加大对结核病知识的教育的那些运动中,军事隐喻一度甚嚣尘上。可以举二十世纪二十年代意大利进行的反结核病运动中的一幅海报为例,上书"Guerra alle Mosche"("对苍蝇开战"),显示苍蝇携带的那些疾病的致命危害。苍蝇本身被描画成朝无辜居民投掷死亡炸弹的敌机。这些炸弹上分别刻着一些铭文,一曰"Microbi"(细菌),一曰"Germi della tisi"(结核菌),另一则笼统地称为"Malattia"(疾病)。一具身披黑色带帽披风的骷髅骑在最前面的那只苍蝇背上,像是乘客或者飞行员。在另一幅海报上,写着"有了这等武器,不愁战胜不了结核病",上面绘有一个死神形象,被数柄利剑钉死在墙壁上,而每柄剑上都刻着一句铭文,分别代表对付结核病的一种措施。其中一柄剑上写着"清洁",另一柄则写着"阳光",余下的分别是"空气"、"休息"、"适当饮食"、"卫生"

（当然，根本看不出这些武器有什么了不起的地方。战胜——即治疗——结核病的真正武器是抗生素，而它直到差不多二十年后，即到二十世纪四十年代，才被发现）。

以前是医生们发动"bellum contra morbum"（对疾病的战争），现在是全社会发动这场战争。把战争转化为对大众进行意识形态动员的时机，这的确使得战争观念变成了一个有用的隐喻，可用于一切形式的、其目标是打败"敌人"的那些改善运动。我们曾经向贫穷开战，现在转而"向毒品开战"，同样还有一些针对具体疾病，例如癌症的战争。在资本主义社会里，对军事隐喻的滥用，可能在所难免，这个社会越来越限制着道德原则诉求的广度和可信度，在这个社会里，如果一个人的行为不服从于对自我利益和赢利的计算，则会被认为愚不可及。而战争是硕果仅存的少数几种被认为不应该以"现实"眼光加以看待的行为；所谓"现实"眼光，即是说，着眼于付出和实际结果。但在那种倾其所有的全面战争中，付出也是倾其所有的，毫不犹豫的——战争被定义为一种紧急状态，牺牲再大，也不过分。不过，对疾病的战争还不仅仅是呼吁人们投入更多热情，对研究工作倾注更多资金。该隐喻还提供了一种看待疾病的方式，即把那些特别可怕的疾病看作是外来的"他者"，像现代战争中的敌人一样；把疾病妖魔化，就不可避免地发生这样的转变，即把错误归咎于患者，而不管患者本人是否被认为是疾病的牺牲品。牺牲品意味着无知。而无知，以支配一切人际关系词汇的那种无情逻辑来看，意味着犯罪。

※　※　※

军事隐喻有助于把某些疾病打上耻辱的印迹，推而广之，就殃及了患者本人。正是发现了癌症患者所蒙受的污名，我才动笔写了《作为隐喻的疾病》。

十二年前，当我患上癌症时，尤使我感到愤怒的，是看到该疾病的恶名声怎样加剧了癌症患者的痛苦——但这也使我从因医生对我的疾病的不祥预测而使我感到的那份恐惧和绝望中摆脱出来。我的病友们，即我在第一次住院期间一起聊过天的那些病友们，像我后来作为门诊病人穿梭于美国和法国数家医院接受为期两年半化疗时所结识的那些病友一样，都一致表露出对自己所患癌症的厌恶，并引以为耻。他们似乎深陷在有关他们疾病的种种幻象中而不能自拔，而我对此却十分冷静。我发现，其中一些观念无非是现已完全失去可信度的那些有关结核病的看法的翻版。结核病曾一直被情感化地加以看待，被认为是对个性的一种提升，而人们看待癌症时却带着一种非理性的厌恶感，视之为对自我的一种贬损。加诸于癌症之上的，还有一些类似的有关责任和人格构成的不实之词：癌症被认为是这么一种疾病，容易患上此病的是那些心理受挫的人，不能发泄自己的人，以及遭受压抑的人——特别是那些压抑自己的肝火或者性欲的人，这就正如结核病在整个十九世纪以及二十世纪初（事实上是直到发现治疗方法前），一直被认为是那些感觉超群、才华出众、热情似火的人易于感染的疾病一样。

这些对比——即现在我们全都自认为已经超越的有关结核病的那些神话与至今仍为众多癌症患者及其家人深信不疑的有关癌症的那些迷信之间的对比——使我萌生了要去写作一本有关那些围绕癌症展开的神化描述的小书的计划。我不认为，在那些描写某人怎样获悉自己得了癌症、怎样哭泣、怎样挣扎、怎样被安慰、怎样受苦，又怎样鼓起勇气等等的故事之外，再增添一篇以第一人称写作的故事，会有什么用处，而我写作此书却想有所用处——尽管我的不外乎也是这么一个故事。在我看来，一种叙事似乎比一种思想的用处要小。若是为了那种叙事的快感的话，我宁可从其他作家那里去寻找；尽管立刻浮现在我头脑里的，是文学作品中有关结核病这种有吸引力的疾病的更多的例证，我却发现了现实生活中被诊断为癌症的人，他们并不生活在诸如托尔斯泰的《伊凡·伊里奇之死》、阿诺德·贝内特的《莱斯曼阶梯》和贝纳诺斯的《乡村牧师日记》等文学作品的世界中。

于是我动手写那本书，写得很快，被一种福音教徒般的热情和那种对留给自己生活和写作的时间可能所剩无几的焦虑所激励。我写作该书的目的是减轻不必要的痛苦——正如我近来偶尔翻阅尼采《曙光》一书时从中看到的一段文字所描绘的那样:

> 想一想疾病吧!——去平息患者对疾病的想象,这样,他就至少不必因对疾病胡思乱想而遭受比疾病本身更多的痛苦——我认为,这种痛苦很是厉害!它大得很呐!

我写作那本书的目的,是平息想象,而不是激发想象。不是去演绎意义(此乃文学活动之传统宗旨),而是从意义中剥离出一些东西:这一次,我把那种具有堂吉诃德色彩和高度论辩性的"反对释义"策略运用到了真实世界,运用到了身体上。毕竟,我的目的是实际的。因为,我一再伤心地观察到,隐喻性的夸饰扭曲了患癌的体验,给患者带来了确确实实的后果:它们妨碍了患者尽早地去寻求治疗,或妨碍了患者作更大努力以求获得有效治疗。我相信,隐喻和神话能致人于死地(例如,它们使患者对诸如化疗一类有效的治疗方式产生一种非理性的恐惧,而强化了对诸如食疗和心理疗法这类完全无用的治疗方法的迷信)。我想为患者和照料他们的人提供一种方法,来消除这些隐喻,这些障碍。我希望劝说那些心怀恐惧的患者去看医生，或用称职的医生替换那些不称职的医生，只有他们才能给予患者适当的照料。要正视癌症，就当它不过是一种病而已——尽管是一种重病，但也不过是一种病而已。它不是上苍降下的一种灾祸，不是老天抛下的一项惩罚，不是羞于启齿的一种东西。它没有"意义"。也未必是一纸死亡判决（有关癌症的那些神秘说法之一是：癌症＝死亡）。《作为隐喻的疾病》不仅是一篇辩驳文字，而且也是一篇告诫文字。我劝说道：让你的医生告诉你实情；做一个知情的、积极配合的患者；为自己找到良好的治疗方法，因为良好的治疗方法的确存在（夹杂在那些广为流行的不适当的治疗方法中间）。尽管不存在包治一切癌症的那种灵丹妙药，但超过半数的癌症病例以现有的治疗方法就能治愈。

自我写作《作为隐喻的疾病》——以及从癌症中康复（这使我的医生们当初所持的那种悲观主义显得狼狈不堪）——后十年里，对待癌症的态度已经发生改变。身患癌症，不再是那么见不得人的事了，不再被看作"被毁个性"（借用欧文·高夫曼语）的头号扮演者。人们更自在地谈到癌症这个词，而在讣告中，对死于癌症的人的死因的提法也发生了改变，不再像以前那样动不动就说死于"久病不愈"。尽管欧洲和日本的医生们仍习惯于首先向癌症患者家属透露诊断结果，并建议他们对患者本人保密，但美国的医生们差不多放弃了这一规定。的确，向患者坦言病情，现已屡见不鲜。这种新出现的对癌症的坦诚，部分源于那种强制性的坦诚（或曰古典礼仪规则的缺失），正是这种强制性坦诚使我们能够通过电视或报纸头版的报道，知晓我们的国家领导人患上了直肠道 – 结肠道疾病或生殖道 – 尿道疾病——在我们这个社会，谈论原本不该直呼其名的那些疾病，正越来越成为一种美德。在一个爱打官司的社会，医生们对诉讼的恐惧，也可以解释何以出现了这种变化。① 比起十年前，人们之所以现在不那么恐惧地、当然也不那么神秘地对待癌症，其中一个重要的原因是：癌症已不再是最恐怖的疾病了。近些年来，曾经加诸癌症之上的那些负担因另一种疾病的出现而

---

① 所谓"强制性的坦诚"，是指公民有知情权，即有权了解与己有关的事务，既然国家领导人是国家事务的操纵者，那么他们就不该享有一般普通公民的那种隐私权，因为他们的任何隐私（例如疾病）都有可能造成国家事务的变化，也就是说，他们的私人领域其实也是公共领域。此外，就普通公民而言，也有权了解关乎自己利益的那些信息。由于知情权意味着获得真实的信息，这给医生们造成了强大的心理压力（即便是那些非常杰出的医生，也很难对疾病作出确切的诊断，提供有效的治疗手段，而这并不一定是因为医生缺乏才能），在最糟糕的情形下，这导致了医生对诊断和治疗责任的回避（即不作出确切的诊断或不进行可能有效的治疗），以避免医患维权方面的官司，而这实际上拖延了患者的治疗（当医生现在接待一个病因难以确诊的病人时，首先考虑的或许是避免日后可能引起法律纠纷，而不是疾病本身，所以他倾向于作出一些抽象的诊断，并对病人进行一些不会带来严重后果的辅助治疗，如开具一些于身体无害、却也可能于该疾病治疗无关的药物，因为真正的治疗总是要冒风险的，如中医常说的"凡药三分毒"）。医学本来是带风险的一门探索科学，其目的是救死扶伤，尽管要冒风险，但现在医院越来越被认为是一种企业，为此就必须以合同法来调节。医生和患者之间当初的互信关系现在暗中变成了签约的甲方和乙方之间的关系，往往最终在民事法庭或仲裁机构上了结纠纷。另一方面，知情权与美国公民所珍视的隐私权也经常发生冲突。既然国家领导人也是公民中的一员，就应该享有法律赋予每个公民的隐私权。从公共领域与私人领域的现状来看，有一种私人领域向公共领域逐渐转化或私人领域公共化的趋势。——译者

缓解了，这种新出现的疾病被填充了大得多的耻辱感，其损毁个性的能力被认为强得多。看起来，似乎社会需要某一种能转化为邪恶的等同物的疾病，并透过于其"牺牲品"，而若社会同时为两种以上的疾病所困扰，则不那么容易做到这一点。

2

正当人们预料会出现一种既弄不清病因、又极其难治的疾病的时候，这种令人色变的新病——说其新，至少是就其以流行病的形式出现而言——出现了，为疾病的隐喻化提供了一个大有用武之地的时机。①

严格说来，艾滋病（AIDS）——即 Acquired Immune Deficiency Syndrome ［译作获得性免疫缺损综合征，或后天性免疫缺损

---

① 艾滋病最初被发现，是在一九八一年，当时在美国纽约和洛杉矶先后报告了一些年轻的同性恋者因罕见的卡氏肺囊虫肺炎和卡波济氏肉瘤而死亡，患者免疫功能都极度低下，尤其是 CD4'T 辅助细胞严重缺损。这很快引起了医学界的重视。当时研究这种未知的流行传染病的病原的医学研究团体，主要有美国国立卫生研究院肿瘤研究所的盖洛研究小组和法国巴斯德研究所的蒙塔格尼研究小组。到一九八三年五月，即离发现第一例艾滋病感染者约两年多时间，两个小组同时在《科学》杂志上发表它们的研究论文，标志着这种新发现的流行传染病的病毒（HIV，即人体免疫缺损病毒）正式被确定。但两个小组的发现有所不同：蒙塔格尼小组最先发现这种病毒，却没有将它与艾滋病联系起来，甚至据说没有对其命名，这一后续工作是由盖洛小组利用蒙塔格尼小组的成果于次年完成的，因此这两个团体以及它们各自所属的国家之间为艾滋病病毒的首先发现权而经历了不愉快的一段时间，直到一九八七年美国总统里根和法国总理希拉克出面协调，双方达成协议，才停止法律争执，共享专利使用权（参阅谢蜀生："发现艾滋病病原之争"，载《中华读书报》，二○○三年八月十三日第二十一版）。——译者

综合征]——根本不是一种疾病的名称。它是对一种导致一系列疾病的临床状态的命名。与梅毒和癌症这两种为附着于艾滋病之上的大多数意象和隐喻提供了原型的疾病相比，对艾滋病下确切的定义，必须参照其他一些疾病，如所谓"机会性感染"和"恶性肿瘤"。尽管就这种意义而言，艾滋病不是一种单一的疾病，但它逐渐使自己被看作一种单一的疾病——这部分是因为，与癌症不同而与梅毒相似，它被认为有一个单一的病因。

艾滋病有一种双重的隐喻谱系。作为一个微观过程，它像癌症一样被描述为"入侵"。而当描述侧重于该疾病的传播方式时，就引用了一个更古老的隐喻，即"污染"，令人想到梅毒（人们通过接触被感染者的血液或生殖道体液而被感染，或通过接触被病毒污染的血液制品而被感染）。不过，用来描述艾滋病的那些军事隐喻，比起用来描述癌症的军事隐喻来，具有一个不大相同的着眼点。就癌症而言，隐喻不涉及病因问题（癌症病因在癌症研究中仍是一个难解之谜），而是抓住体内异常细胞突变这一点大做文章，这些异常细胞将最终离开其原先所在位置或器官，向其他器官或系统大举扩散——这是一个内部颠覆的过程。而在关于艾滋病的描述中，敌人成了那些导致疾病的东西，是来自身体外部的传染物：

该入侵者很小，只有针尖的大约一万六千分之一大小……身体免疫系统的侦察兵,即那些被称为巨噬细胞的大细胞,察觉到小外来者的入侵,立刻向免疫系统报警。免疫系统于是开始动员一支细胞大军进行各类工作,其中之一是制造可用来对付威胁的抗体。然而艾滋病病毒却一意孤行,不去理会一路遇到的众多血细胞,避开迅速前来的防御者,一举攻克免疫系统的头号助手,即 T 细胞……

这是政治偏执狂的语言,典型地透露出其对多元世界的疑惧。可以预料,一个由细胞组成的"进行各类工作,其中之一是制造可用来对付威胁的抗体"的防御体系,不是"一意孤行"的入侵者的对手。而那种业已见之于人们有关癌症的闲聊中的科幻小说色彩,在对艾滋病的报道中甚至显得更为触目惊心——上面所引段落取自一九八六年年末的《时代》杂志——艾滋病病毒感染被描绘得像是高科技战争,为对付这场战争,我们正在用领导人头脑中的幻觉和电视娱乐节目里的虚构把自己准备好(并习惯于这些幻觉和虚构)。在《星球大战》和《太空入侵者》的时代,艾滋病业已被证明是一种毫不费解的疾病:

在细胞的表面,可发现一个感受器,其中完美地嵌着一包膜蛋白质,如钥匙之于锁。一旦病毒接触这个细胞，它就穿透细胞膜，并在穿透过程中瓦解细胞的保护壳层……

随后，入侵者就以常见于科幻小说作品中的那种外来接管方式，一劳永逸地驻扎在那里了，而身体自身的细胞反倒成了进攻者。本没有保护层的病毒依靠自身携带的酶的鼎力相助，

> 将自身的 RNA 转变成了……DNA，即生命体的大分子。随后，这个大分子穿透细胞核，把自己嵌入染色体，并部分接管细胞的工作职能，指导细胞制造更多的艾滋病病毒。最终，细胞被自己制造的异类产品所征服，发生膨胀，并破裂死亡，新病毒从中涌出，开始攻击其他细胞……[1]

该隐喻继续描绘道，随着病毒攻击其他细胞，"一群通常能被健康的免疫系统阻挡在外的机会性疾病也开始攻击身体"，而此时，身体的完整和活力已因身体免疫防卫系统崩溃后"异类产品"的大量复制而遭到了损害。"艾滋病人因这种攻击而

---

[1] RNA 指核糖核酸，为英语 Ribonucleic Acid 的缩写，是核酸的一种，分子中含有核糖，存在于一切细胞的细胞质和细胞核中，也存在于多数植物病毒与部分动物病毒以及一些噬菌体中。DNA 指脱氧核糖核酸，为英语 Deoxyribonucleic Acid 的缩写，也是核酸的一种，分子中含有脱氧核糖，分子极为庞大，存在于细胞核、线粒体、叶绿体中，也可游离于某些细胞的细胞质中，在大多数噬菌体、部分动物病毒和少数植物病毒中也含有脱氧核糖核酸，它是储存、复制和传递遗传信息的主要物质基础。（参阅《辞海》第一三〇二页"核糖核酸"条及第一五一七页"脱氧核糖核酸"条，上海辞书出版社，一九七九年版）——译者

逐渐变得衰弱,有时在距初次发现病症数月后,但一般是在数年后,就死亡了。"那些尚在挣扎的病人,被描绘成"遭到攻击,显示出该病的告警病症",而其他成千上万的人"携带着这种病毒,随时都可能遭受病毒的最后的全面进攻"。

癌症使细胞大量繁殖;而在艾滋病中,细胞却接连死亡。甚至当艾滋病的这个原初模型(白血病的翻版)被改变以后,对艾滋病病毒如何活动的描绘仍重蹈了把艾滋病看作是对社会的侵害的故辙。前不久《纽约时代周刊》打头的一篇报道文章的标题云:"据观察,艾滋病病毒潜伏于细胞中,例行检查无法发现。"该文章公布了这一发现,即艾滋病病毒能在巨噬细胞里"潜伏"多年,"即使当巨噬细胞被艾滋病病毒充胀得几乎爆裂",艾滋病病毒也不杀死巨噬细胞,而是瓦解其抗病功能,使其不再制造抗体,即身体产生的抵御"入侵物"的化学物质,抗体的出现被认为是艾滋病的绝对可靠的标记。① 艾滋病病毒现在被认为并不危害它们所寄居的所有细胞,这一观点

---

① 赋予巨噬细胞的更大作用是"充当艾滋病毒的寄生地,因为艾滋病毒在巨噬细胞内不断繁殖,却不杀死巨噬细胞,但艾滋病毒却杀死 T-4 细胞"——据说这能解释何以能比较容易发现病人体内受感染的 T-4 淋巴细胞,而淋巴细胞拥有抵抗艾滋病毒和症状的抗体(人们仍然认为,当艾滋病毒扩散到这些所谓"关键目标"的细胞时,抗体将随之大量产生)。关于新近被艾滋病毒感染的细胞的数目的证据,就像人类社会中被艾滋病毒感染的人数的证据一样,要么令人不解地奇缺,要么残缺不齐——这的确令人费解,因为艾滋病被认为是一种无所不在、且有扩散之势的疾病。"据医生们估计,每一百万个 T-4 细胞里只有不到一个被感染,这使人不得不提出这样的问题,即艾滋病毒到底潜伏在哪里⋯⋯"同篇报道(《纽约时代周刊》一九八八年六月七日)引述的另一种共鸣性观点认为,"被感染的巨噬细胞能把艾滋病毒传给其他细胞,其传播方式也许是相互间的接触。"

只增添了艾滋病这个诡计多端、不可战胜的敌人的名声。

艾滋病病毒的攻击显得如此令人毛骨悚然的原因，是其污染被看作是一劳永逸的，因而被感染者不得不永远处在脆弱中。即使某位被感染者并没有显示出任何症状——这就是说，感染依然处在非活跃状态，或通过医疗干预而处于非活跃状态——病毒敌人也将永远驻扎在体内。实际上，人们相信，这只是一个时间问题，一旦某物唤醒（或"激发"）了它，一旦出现"告警病症"，那它就发作了。正如梅毒①这种以"杨梅大疮"之名为好几代医生所熟知的疾病一样，艾滋病也是一种临床的构建，是一种推演。它从一长串并且其长度还在延长的病症中提取一些业已在艾滋病人身上显露出来的症状，来建构艾滋病的病理特征（但对艾滋病到底是什么，谁也说不出一个子丑寅卯），有这些症状，就"意味着"病人所患的是艾滋病。艾滋病的建构，有赖于如下两个发明：其一，艾滋病被当作一个临床项目；其二，发明了一种被称作"艾滋病相关综合征"(AIDS-Related Complex，缩写为 ARC) 的亚艾滋病，如果病人显示出发烧、体重减轻、真菌感染及淋巴结肿大等免疫系

---

① 梅毒，旧称"杨梅疮"，或俗称"杨梅大疮"。《辞海》（一九七九年版）第一三〇五页"梅毒"词条云："性病一种。病原为梅素螺旋体。一般在感染后三周左右，在外生殖器部位发生硬下疳（一期梅毒）；约两个月后全身皮肤发疹（二期梅毒）。一、二期梅毒统称为早期梅毒，此时传染性大，应从速用青霉素治疗。如不治愈，以后可发生心血管梅毒，神经梅毒或其他组织脏器的梅毒。本病亦可潜伏多年而无任何征象（隐性梅毒）。"尽管梅毒也有可能经由母体、血液等传染，但在中国一直被归于所谓"花柳病"（性病），于是，"杨梅大疮"和"花柳病"就成了一种道德评判。——译者

统缺失的"早期"症状或通常是间歇性的症状,就被诊断为患了这种综合征。艾滋病是逐步发展的,是时间的疾病。一旦症状达到某种严重程度,艾滋病的进程就加快了,并带来难忍的痛苦。除了那些最常见的"症候性"疾病(至少就致命性而言,其中一些到目前为止仍显得非同寻常,例如某种罕见的皮肤癌和某种罕见的肺炎),艾滋病的一连串使人衰弱、使人变形并给人带来耻辱的症状还使得艾滋病患者日益变得意志薄弱、倍感无助,既无力控制又无法满足自己的基本功能和需要。

就艾滋病被视为一种慢性疾病而言,它更像是梅毒,而不像癌症,前者是以"阶段"这个术语进行描述的。以"阶段"的方式进行思考,对艾滋病话语来说是基本的。梅毒的最可怕的形式是"第三期梅毒"。被称为艾滋病的那种疾病被认为是三个阶段的最后一个阶段——第一阶段是身体感染了人体免疫缺损病毒(Human Immunodeficiency Virus,缩写为HIV),这是免疫系统遭到侵袭的早期证据,随后,在最初被感染与"告警"症状出现之间,是一个漫长的潜伏期(艾滋病病毒的潜伏期显然不如梅毒的潜伏期长,对梅毒来说,第二期梅毒与第三期梅毒之间的病毒潜伏期可能长达几十年。不过,值得注意的是,当十五世纪梅毒第一次以流行病的形式出现于欧洲时,它是一种急性病,通常在第二期梅毒就导致患者死亡,有时是数月间或数年间)。癌症却缓慢地发展着:长期以来,人们并不认为它有潜伏期(以"阶段"来对

疾病的隐喻 | 113

过程进行有说服力的描述，似乎不可避免地要提到过程中的标准性延迟或中止这些概念，正如它以潜伏这个概念作为补充）。不错，癌症被划分了"阶段"。这是诊断的主要用语，意味着根据癌症的严重程度来进行分类，判定其"发展"到了哪一步。不过，它主要是一个空间概念：癌症在体内发展，按可预见的线路传播或转移。与梅毒和艾滋病比起来，癌症主要是身体地理的一种疾病，而梅毒和艾滋病的定义却有赖于建构一个关于阶段的时间序列。

梅毒是一种不必跑完其令人毛骨悚然的全程的疾病，它不一定要发展到瘫卧的地步（例如波德莱尔、莫泊桑及尤勒斯·德·龚古尔就不曾缠绵病榻），也可能常常停留在讨厌、有失体面的阶段（例如福楼拜的情形）。正如福楼拜自己所言：说梅毒是灾祸，这不过也是一句陈词滥调而已。他把十九世纪中叶的那些陈词滥调收集起来，辑成《成见总汇》一书，其中一个词条写道："梅毒，谁都或多或少携带着它。"① 在

---

① 同时代的波德莱尔也有一句相似的话："要从两个方面来感受革命！我们所有人的血液里都有共和精神，就像我们所有人骨头里都有梅毒一样；我们都有一种民主的传染病和一种梅毒的传染病。"（转引自瓦尔特·本雅明：《发达资本主义时代的抒情诗人》）波德莱尔和福楼拜等人自患有梅毒，因而乐于把梅毒当作一种时代病，这样就可以缓解梅毒给自己带来的道德压力；既然"谁都或多或少携带者它"，那谁也不必为此感到羞耻。但波德莱尔还不止于此，他一定要把它与共和政治联系起来（他本人在政治上就有共和倾向），甚至暗示梅毒也是一种反叛的政治激情，因而获得了某种道德性。梅毒若要卸除道德压力，就一定先要政治化，或者说一定要凭藉某种幻想的政治意义来驱散其当初幻想的道德意义，使其由一个道德问题转变成一个政治问题。梅毒于是就从一种性病，变成了一种时代流行病，再变成了一种政治病。但福楼拜和波德莱尔言过其实了，并非每个人都携带有梅毒。对梅毒的这种隐喻化，使梅毒获得了某种政治升华，至少使梅毒患者变得比较心安理得。——译者

十九世纪后期和二十世纪初期，与自浪漫主义作家时代始建立起来的肺结核与精神活动提升之间的关系一样，当梅毒与精神活动提升（"狂热"）之间的关系被建立起来时，梅毒试图获得某种模糊的正面联想。似乎是为了向那些在梅毒引起的精神错乱中离开人世的著名作家和艺术家聊表敬意似的，人们逐渐相信，神经性梅毒引起的大脑损伤实际上会激发原创性的思想或者原创性的艺术。托马斯·曼的小说可以说是二十世纪早期的各种疾病神话的仓库，他把关于梅毒的这一看法作为对其作品《浮士德博士》具有核心意义的冥想，其主人公是一位伟大的作曲家，他自愿感染上梅毒——魔鬼向他保证，他所受到的感染将只限于中枢神经系统，并赋予他二十四年的光辉夺目的创造力。E·M·西欧朗回忆他二十世纪二十年代在罗马尼亚时，对梅毒的羡慕之情如何出现在他少年时期对文学荣耀的期待中：他幻想着发现自己已染上梅毒，由此被给予了富于天才般超常创造力的数年光阴，然后就精神崩溃，陷入疯狂。对这种具有神经性梅毒特征的精神分裂症的浪漫化，是二十世纪把精神疾病作为艺术创造力或精神原创性的源泉的那种更加顽固的幻象的先行者。然而，对艾滋病来说——尽管此病也经常引发作为晚期症状的精神分裂症——却没有出现这种补偿性神话，也似乎没有出现的可能。像癌症一样，艾滋病不允许浪漫化或情感化，这也许是因为它与死亡的关系过于密切。克日什托夫·扎努西的电影《螺线》

（一九七八）是我所见过的对临终之际的狂暴状态的最真实描绘，其主人公所患的疾病从没有被明确交代；因而，它必定是癌症。对现在的几代人来说，关于死亡的一般性的看法，是把死亡等同于癌症导致的死亡，而癌症导致的死亡被认为是一种一般性的失败。现在，可作为生命和希望的一般性的鉴戒的，是艾滋病。

3

因为那些把癌症当成邪恶的同义语的隐喻伪饰多得难以计数，患上癌症就被许多人认为是可耻的，因而是某种必须隐藏起来的东西，也被［患者］认为是不公平的，是自己的身体背叛了自己。癌症患者苦涩地喊道：为什么是我呢？对艾滋病来说，这份耻辱还与犯罪的污名挂上了钩；此等丢脸的事，［患者自己］当然是心知肚明的。没有人会寻思：为什么是我呢？撒哈拉沙漠以南的南部非洲以外的艾滋病患者大多知道（或自以为知道）自己是怎样感染上艾滋病的。艾滋病并不是一种似乎随意攻击的充满神秘色彩的病痛。事实上，就目前大多数艾滋病病例来说，患艾滋病的人被发现正好是某个"高危群体"的一员，某个被社会所蔑视的群落的一员。艾滋病把艾滋病患者的身份给暴露出来了，而这重身份本来是对邻居、同事、家人、朋友隐瞒的。但同时，它又确定了一重身份，并且，在美国最早严重感染艾滋病的高危群体即同性恋男子中，它还是艾滋病患者群落的一个创造者，同时又是孤立艾滋病患者、使其处于被骚扰和被迫害中的一种体验。

患癌症有时也被认为是患者本人的过错，他们沉溺于"不安全"的行为中——酗酒者易患食道癌，抽烟者易患肺癌：这是对不健康的生活方式的惩罚（这不同于那些被迫从事不安全职业的人，如石油化工厂的工人易患膀胱癌）。在疾病原发器官或系统与某些人们被劝说应戒除的特殊行为之间，寻找出了越来越多的联系，例如近来对结肠癌和乳腺癌与摄入大量动物脂肪之间的关系的猜测。但与癌症有关的那些不安全的生活习惯，是患者意志软弱的结果，或是缺乏节制的结果，或是依赖合法的化学制品（尽管这类制剂有害）的结果——其他一些疾病也被认为与不安全的生活习惯有关，甚至包括心脏病这种直到目前为止几乎未曾蒙受指责的疾病，现在也更多地被看作是为饮食和"生活方式"的过度付出的代价。导致艾滋病的那种不安全行为还不仅仅被判定为嗜好而已。它是放纵，是犯罪——沉溺于非法的化学制品和被认为是反常的性行为。

染上艾滋病被大多数人认为是咎由自取，而艾滋病的性传播途径，比其他传播途径蒙受着更严厉的指责——尤其是当艾滋病不仅被认为是性放纵带来的一种疾病，而且是性倒错带来的一种疾病时（我这里想到的当然是美国的情形，在美国，人们近来被告知，异性间发生性关系时传播艾滋病的可能性极小，几乎不可能——人们这样说，倒好像非洲不存在似的）。一种主要通过性传播途径进行传染的传染病，必定使那些性行为更活跃的人冒更大的风险——而且该疾病也容易被看作是对这种行为的惩罚。梅毒如此，艾滋病甚至更是如此，因为不仅滥交，而且某种特别的被认为反常的性"实践"被点名更具危险性。通过某种性实践而感染艾滋病，更被认为是故意的，因而也更是咎由自取。通过共用被污染的注射器针头而感染艾滋病的瘾君子，被看作是在进行（或完成）某种漫不经心的自杀。医学意识形态强调抗生素包治百病的作用，助长了这么一种虚幻的信仰，即认为所有的性传播疾病相对来说并无大碍，那些滥交的同性恋者听信了这一信条，实践着那些狂热的性生活习惯，以此看来，他们可以被视作是献身于这一信仰的享乐主义者——尽管现在很清楚，他们的行为无异于自杀。那些因诸如血友病和接受输血而感染艾滋病的人，尽管无论怎样也不能把感染的责任怪罪在他们本人身上，却可能同样为惊恐失色的人们无情地冷淡疏远，认为他们可能代表着一种更大的威胁，因为他们不像那些业已蒙受污名的艾滋病患者那样容易被识别。

与性行为过错相关的传染性疾病总能激发起人们的恐惧，担心容易被传染，激发起人们的怪诞的幻觉，即担心在公共场合经由非性交途径被传染。在美国海军舰只上，门的球状把手被卸除了，安装上了弹簧门，而二十世纪头几十年里美国的公共饮水器上配装的那些金属水杯也失去了踪影，所有这些，都是因"发现"梅毒的"无辜传播传染"而导致的早期的影响；①好几代中产阶级家庭的孩子都得到这样的警告，让他们［在使用公共卫生间时］在自己的光屁股与公共抽水马桶垫圈之间垫上纸，从这里也可以看出那种有关梅毒细菌通过脏物传染给无辜者的恐怖故事的痕迹——这些故事曾一度广为流传，至今对此深信不疑的也仍大有人在。每一种令人恐惧的流行病，但尤其是那些与性放纵有关的流行病，总在该流行病的假定携带者（这通常只是指穷人，而在美国，则指有色人种）与那些被界定为"普通人口"的人们之间——做这界定的人是卫生专家和其他官僚——划出一条先入为主的界线。艾滋病在该疾病版本②的"普通人口"（即那些自身不注射毒品或不与注射毒品者发生性关系的异性恋的

---

① 以弹簧门取代带球形把手的普通门，可能考虑到了传染病的因素，但弹簧门并非不进行身体接触的门（仍需用手推）。从对传染病的恐惧和夸张性预防上看，顶部装有红外线装置的自动门可能更能说明问题，因为它是一种不进行身体接触的门。另一方面，弹簧门的主要作用，是缓和门的开合速度，使人不至于激烈摆动，危及随后进出门的人的安全。从这种意义上说，弹簧门的人性意义大于其对传染病进行防范的意义。不是预防传染病，而是预防外伤。——译者

② 对每一种流行病的潜在的易感染者与"普通人口"之间的划定，并不相同，各有不同的"版本"。例如十九世纪，结核病被认为是有着超敏感性的、罗曼蒂克的、才华横溢的人（艺术家与罗曼蒂克的妇女）容易感染的疾病，而"普通人口"则是那些心宽体胖、毫无艺术信仰和浪漫情感的资产阶级暴发户们，但就艾滋病这种被认为是性放纵、性反常导致的充满邪恶色彩的传染病而言，"普通人口"的版本发生了变化。——译者

白人）中复活了一种类似的对传染的憎恶和恐惧。像梅毒这种危险的他者的疾病或染自危险的他者的疾病一样，艾滋病被看作是对那些业已蒙受污名的人的折磨，其折磨的程度远甚于梅毒。不过，梅毒并不被等同于某种类型的死亡，那种经历漫长痛苦之后的死亡，如癌症当初就被想象成的那种情形，如今日艾滋病被设想成的那种情形。

艾滋病并不是一种单一的疾病，而是一种综合征，包括一长串似乎没有尽头的促发性或"症候性"的疾病，它们共同组成了艾滋病（这就是说，患者一旦出现这些病症，就被认定染上了艾滋病），这使得艾滋病与甚至诸如癌症这样非常复杂、多形态的疾病比起来，更像是一个被定义或被建构的产物。的确，那种认为艾滋病必定是不治之症的观点，部分取决于医生们决定把什么定义为艾滋病——以及决定把什么作为艾滋病的早期阶段。而这种决定，依赖于这么一种观点，其原始隐喻色彩不亚于那种有关"完全成熟的"（或"已充分发展的"）①疾病的隐喻。②"完全成熟"意

---

① "完全成熟的"和"已充分发展的"这两个形容词，原文为"full-blown"和"full-fledged"，前一个词本来是形容花朵的盛开，后一个词本来是形容鸟雀羽翼丰满，但它们都有一个转义，即"完全成熟的"或"已充分发展的"。正因为这两个形容词暗含了植物和动物的色彩，所以桑塔格才在后面的句子中说"植物学或动物学隐喻"。——译者

② 据哈里森《内科原理》第十一版（一九八七），标准定义将患有"符合艾滋病监测定义的标准"的疾病或综合征的人与人数更多的感染了 HIV 以及"不符合已完全发展的疾病的经验标准的症状的人区分开来。HIV 语境中的这些表征和征兆被定义为'艾滋病相关综合征（ARC）'"。随后给出了必要的百分比："据估计，有近百分之二十五的患有 ARC 的人将在三年内发展成艾滋病。"见该书第一三九四页。（转下页）

味着艾滋病已处于无可挽救的致命形态。不成熟之物势必变为成熟之物，花蕾势必盛开（雏鸟势必长得羽翼丰满）——医生们所使用的这种植物学或动物学隐喻使得发展或演化成艾滋病成了规则、规律。我并不是说隐喻创造了艾滋病的临床概念，而是说，比起仅仅认可这一概念来，隐喻还做得更多。它对尚未被证实或尚不能被证实的临床证据的某种解释提供了支持。对一种仅在七年前才被确认的疾病下结论，说一旦感染此病，就有生命之虞，或甚至说凡患有被定义为艾滋病的那种疾病的人都在劫难逃，这个结论未免下得太早了（如一些医学作者所推断的那样，艾滋病患者惊人的高死亡率显示出那些极易受到艾滋病病毒感染的人死得早，也大多死得快——这是因为其免疫力被降低，因为其易受感染的遗传体质以及其他一些可能的并发因素，而不是因为某一种必定致命的感染的恶化所致）。把艾滋病构想为不同的阶段，是运用"完全成熟的疾病"这一隐喻的必要方式。然而，这也稍许弱化了该隐喻所暗示的那种不可避免性。那些有兴趣在那种必定致命的感染可能产生的结果两边下注的人，或许

（接上页）艾滋病是头一种以首字母缩拼而成的疾病，所谓 AIDS 的状况，似乎并没有自然的限定。它是这么一种病，其身份是为检查目的而设，方便医生和官员制表和监控。因而，在医学教科书中，经验的东西就与监测的东西无意识地等同起来了，而这两个概念实则出自不同的理解模式（艾滋病既符合"监测定义的标准"，又符合"经验标准"：HIV 感染加上一种或一种以上榜上有名的疾病，这些疾病是由美国对艾滋病进行定义的主要行政管理机构，即设在亚特兰大的联邦疾病控制中心所开列的）。这一带有"成熟疾病"隐喻的、纯粹约定的定义极大地影响了对艾滋病的理解。

可使用那种标准的三分法——HIV 感染，艾滋病相关综合征（ARC）以及 AIDS——来考虑以下两种可能性的一种或两种：不那么糟糕的一种是：并非每个被感染的人都会从 HIV 感染阶段向前"进发"或"发展"；而较为糟糕的一种是：每个被感染的人都会发展成艾滋病患者。

正是对艾滋病临床证据的这种较为糟糕的读解，现在主导着有关艾滋病的争论，这意味着术语上正在发生变化。能影响对艾滋病的理解方式的那些官员们已作出决定说，不该再在用来定义艾滋病不同阶段的那些不同的首字母缩拼词中寻找虚幻的慰藉（这从来就算不上是什么慰藉）。近来关于重新确定术语的提议——例如将 ARC 一词淘汰——并没有触动按阶段建构艾滋病的理解方式，而是额外地强调了艾滋病病程的连续性。"完全成熟的疾病"现在更被视为不可避免的了，而这强化了那种业已存在的宿命论。①

从一开始，对艾滋病的构建就依托了那些把人划分为不同类别的观念——患者与健康者，ARC 患者与 AIDS 患

---

① 一九八八年由总统任命的流行病调查委员会提议"不再强调"ARC 一词的使用，因为它"倾向于模糊艾滋病这一阶段对生命的危害性"。也有人提议废止 AIDS 一词。该委员会建议把"监控疾病"转变为"监控感染"，作为转变的一部分，该委员会提交的报告明白地使用 HIV 这个首字母缩拼词来表示艾滋病本身。而这样做的理由是认为现存的术语掩盖了艾滋病威胁的严重性（"这种对艾滋病的临床显示而不是 HIV 感染所有阶段〔例如从最初感染到血清转化，再到阳性抗体的无症状阶段，最终到完全成熟的艾滋病〕的长久的关注，无意间误导了普通大众，竟至看不到所有人口中艾滋病感染的程度……"）。似乎很有可能，艾滋病将最终被重新命名。术语上的这种变化为那种把虽已感染但无症状的人归入艾滋病患者的政策提供了堂而皇之的正当性。

者，他们与我们，可同时又暗示要立刻抹消这些划分。不管把注下在哪一边，预测的结果听起来总是充满了宿命色彩。因而，艾滋病专家和公共卫生部门的官员经常就那些感染了艾滋病病毒的人恶化成一种"完全成熟的"的疾病的几率所发布的公告，就似乎主要是对公众舆论进行控制的活动，是以数个步骤将这个噩耗一点点传达给公众。过去五年间对那些显示出可被归类为艾滋病的症状的人［在显示出这类症状的所有人中间所占］的百分比的估算——也许估算得太低了，在我写作此书的时候，该数据是百分之三十到百分之三十五——总免不了附上这么一句断言，即"大多数"（随后使用的词是"几乎全部"）被感染者都将最终发展成艾滋病患者。因而，关键的数字不是在相对短的时间里可能发展成艾滋病患者的感染者的百分比，而是在 HIV 感染（被描绘为终生的，或不可逆的）与最初症状出现之间的最大间隔。随着跟踪研究艾滋病的年头越来越长，艾滋病病毒感染与发展成艾滋病之间可能的时间间隔也越来越长，据现在（对这种流行病的研究不过七年）估计，间隔大约为十到十五年。这一数字想必将会继续修改升高，它大大地维护了艾滋病作为一种无情的、必定致命的疾病的定义。

相信所有"携带"艾滋病病毒的人都终将恶化成艾滋病患者，这导致了一个明显的后果，即某人一旦被检测为阳性,就被视为艾滋病患者……只不过他暂时还没有恶化成艾滋病患者而已。这不过是一个时间问题,正如任何死刑判决一样。不那么明显的是,这些人常常被看作是好像的确患有艾滋病。HIV 检测为阳性(这通常是指检测出艾滋病病毒的抗体,而不是艾滋病病毒)越来越被等同于患有艾滋病。从这种观点看来,被感染就意味着患病。"被感染但未患病"("Infected but not ill")这一宝贵的临床医学观念(身体"携带"众多感染物)正在被生理医学概念所取代,不管这些生理医学概念是否在科学上站得住脚,它们都有利于复活那种损害他人名声的非科学逻辑,并使得"被感染却仍健康"("infected-but-healthy")的临床医学观念在术语上冲突起来。以这种新观点来看,患艾滋病,会产生很多实际后果。一旦人们获悉某个人 HIV 呈阳性,那他就会因此失去工作(尽管在美国以这种理由开除雇员是非法的),而当人们发现自己 HIV 呈阳性时,则竭力掩盖它。HIV 检测为阳性,对那些从事特别岗位的人来说——这种人将会越来越多——会带来甚至更具惩罚性的后果,政府已勒令对这些人进行强制性检测。美国国防部宣布,凡 HIV 被发现呈阳性的军事人员都将被从"敏感、重要的工作岗位"免职,因为有证据显示,只要一感染此病毒,那么即便没有出现任何其他症状,也会对为数不少的病毒携带者的智力产生微妙的影响(其引用的证据是,一些 HIV 检测呈阳性的人在神经科测验中得分较其他人低，这可能反映出病毒感染导致的智力损害，尽管大多数医生认为这极其不可信，或认为智力损害也可能是因人们得知自己 HIV 检测为阳性而引起的——如被质询时官方所承认的那样——"愤怒、压抑、恐惧和惊慌"所致）。当然啦，现在，一旦某人 HIV 被检测为阳性，那他就毫无资格移民任何别的地方了。

※ ※ ※

就先前任何一种具有传染性的流行病而言，传染病等同于被登记在册的病例的数目。而艾滋病这种流行病如今则被认为不仅包括这个数目，还要算上那些虽已感染但显然仍处于健康状态（即看起来健康，实则已在劫难逃）的人，他们的数目要大得多。这种统计一直在做，而且一直反复在做，越来越大的压力迫使人们去识别这些被感染者，给他们贴上标签。以最新的生理医学测试手段，有可能创造出一个终身为贱民的新阶级，即未来的艾滋病患者。但现代医学检查手段的胜利带来疾病观念的极度膨胀，其结果看起来也似乎是向医学必胜信念产生以前的过去时代的倒退，那时，疾病是数不胜数的，是神秘的，而由重病发展到死亡似乎是顺理成章的事（不像现在，虽然存在医学上的失误或失败，但这一过程被认为是可以改变的）。就艾滋病而言，人们在还没有患艾滋病前就被认为是艾滋病患者；艾滋病产生了似乎数不胜数的大量症状—疾病；艾滋病无药可治，只能以缓和剂来苟延残喘；艾滋病给人带来早于身体性死亡的社会性死亡——艾滋病就这样恢复了类似前现代的某种有关疾病的经验，如多恩在《连祷文》中所描绘的那种情形，其中写道"每一种使肌体或肌体功能处于紊乱状态的东西，都不外乎是一种病"，我们染病的时间，是当我们

> 为有关疾病的猜疑、怀疑和忧惧而提前苦恼或过度苦恼之时，是在我们能够说自己患病之前；我们不能肯定我们是否患病；我们一只手去号另一只手的脉息，我们的眼睛审视着我们的尿液，我们该怎么办……我们因疾病而饱受焦虑之苦，在疾病真正到来前，我们就已支撑不住了……

当因疾病而引起的极度心理折磨蔓延到身体的每个部分时，本来有效的治疗也就变得不可能了，因为"本来不过是大病的一个次要方面、一个症状的东西，现在变得如此强烈，以致医生不得不集中力量来治疗这个次要方面或症状，而不是治疗疾病本身"，而这样做的结果就无异于放弃治疗：

> 正如疾病是人生最大的不幸，疾病最大的不幸是孤

独;当疾病的传染性使那些本该前来助一臂之力的人避之惟恐不及时,甚至连医生也不敢前来时……这是对病人的公民权的剥夺,是将病人逐出社会……

就前现代医学而言,疾病被描绘为似乎是一种直觉经验,是外部与内部的一种关系:身体内部的某种类似不适的东西将显露在身体表面,肉眼可以看得见(或在身体表面以下,这时就要靠听诊或触诊),当身体内部被打开以便检视(如在外科手术和验尸中)时,这一内部不适就被确认。而现代医学——也就是说有效的医学——却显示出在身体内部能观察到什么这一问题上远为复杂的概念:观察的对象不仅包括疾病的结果(如受损器官),而且包括疾病的病原(微生物),而观察所依据的是更为精细的疾病局部解剖学。

在更早的由郎中进行医诊的时代,郎中在对病人进行检查后随即就给出诊断结果,只要郎中愿意,他就可以随即给出诊断结果。但如今,检查意味着化验。要化验就要花时间,考虑到有效的医学化验不可避免地具有工业特征,那么,花去的时间可能长达几星期:对那些认为自己是在等待死刑判决或开释判决的病人来说,这是极度折磨人的拖延。许多人因恐惧化验结果,恐惧自己的名字被列入使自己日后陷入受歧视或更糟糕境遇的另册,或出于宿命论(这样做又有什么用呢?),而不愿去做化验。自我检查的好处已经众所周知,它能在那些常见的癌症处于早期阶段时就发现它们，如果在它们还没有恶化前就及时进行治疗，那它们就大有可能不至于危及性命了。然而，若一种疾病被认为不可改变、无可救药，那对它的早期检测，则似乎毫无用处。

像其他一些引起患者羞耻感的疾病一样，艾滋病常常是一个秘密，但患者本人除外。当某人被诊断为患癌症时，他的家人通常向他隐瞒诊断结果；而被诊断为艾滋病的患者则至少同样经常地向自己的家人隐瞒诊断结果。正如患有其他被认为不仅仅是一般身体疾病的严重疾病的患者一样，患艾滋病的人被引导来进行全身治疗，而不是特定疾病的治疗，这后一种治疗既被认为无效，又被认为太危险（贬低能够提供治疗手段的有效的、科学的医学，认为这些治疗手段仅仅用于特定疾病，并且可能带来危害，这是近来流行的一种自以为高明的谬见）。尽管外科手术和药物常常能治愈癌症，但某些癌症患者至今仍在做这种危险的选择。而某些艾滋病患者则受老一套的迷信和听天由命的想法所左右，拒绝进行抗病毒的化疗，而这种化疗即使不是灵丹妙药，也被证明是有些效果的（如抑制艾滋病综合征的恶化，防止某些常见的症候性疾病），他们不去寻求治疗自己的机会，而是常常拜倒在某些"另类疗法"的大师脚下。但把已经衰弱不堪的身体交托给长寿饮食法的那种身体净化，对治疗艾滋病来说，其作用和放血疗法即多恩时代可资选择的那种"整体"治疗法相差无几。

4

从词源上说，患者意味着受难者。令人深为恐惧的倒不是受难，而是这种受难使人丢脸。

疾病不仅是受难的史诗，而且也是某种形式的自我超越的契机，这一点，得到了感伤文学的肯定，更令人信服地由医生—作家提供的病案史所肯定。某些疾病比起其他疾病来说似乎更适合这种思考。奥利弗·萨克斯利用灾难性的神经疾患作素材，来描绘受难与自我超越，身体衰弱与精神昂扬。他的伟大的先驱者托马斯·布朗爵士为类似的目的而利用结核病，以此来思考一般的疾病，在《至交谢世之际致友人书》（一六五七）中，他从有关结核病的耳熟能详的陈词滥调中读出了那种前浪漫主义的意义：这是一种与众不同的病法（"一种缠绵之病"），也是一种与众不同的死法（"他温柔的死"）。有关这种温柔的或从容的死的假想——实际上，因结核病而死通常是难忍的，是极度痛苦的——是围绕着大多数不被认为具有伤风败俗或有辱身份色彩的疾病而建立起来的那种神话的一个组成部分。

与赋予结核病的那种温柔的死形成对比，艾滋病和癌症一样，导致难堪的死。缠绕着集体想象力的所有那些被隐喻化的疾病，无一例外都将导致难堪的死，或被认为将导致难堪的死。有性命之虞，这本身并不足以引发恐惧。它甚至并不必然产生恐惧，例如麻风病这个令人困惑的病例所显示的那样，尽管患麻风病鲜有性命之虞，且非常难以传染，但它也许成了所有疾病中名声弄得最糟的疾病。人们恐惧癌症更甚于恐惧心脏病，尽管比起死于癌症的人来说，患冠状动脉心脏病的人更有可能在患病后的几年里就死于心脏病。患心脏病是一个事件，但它并不给患者带来一种新身份，使患者变成"他们"中的一员。心脏病并不转化成别的东西，除非是转化成更好的东西：因恐惧使然，心脏病患者养成了好的活动习惯和饮食习惯，开始过上一种更节制、更健康的生活。只要是因猝发心脏病而死，那么心脏病带来的死常常被认为是不痛苦的。

最令人恐惧的疾病是那些被认为不仅有性命之虞、而且有失人格的疾病，这甚至就"有失人格"的字面意义来说也是如此。在十九世纪法国的狂犬病恐慌中，曾出现数不胜数的有关为新近"发狂"的动物所感染的伪病例，甚至还有"自发性"狂犬病的伪病例（真实的狂犬病病例其实很少），这显示出这么一种幻象，即人一旦感染狂犬病，就变成了发疯的动物——放纵不受约束的性冲动和亵渎神灵的冲动。但到一八八五年巴斯德发明狂犬病治疗方法后，狂犬病一律置人于死地，就不是事实了。在十九世纪的西欧，尽管因霍乱而死的人要少于因天花而死的人,但人们更恐惧霍乱,这是因为霍乱的袭击突如其来,而其症状也不体面:急性痢疾和呕吐,其结果预示着死后身体分解腐烂的恐怖景象。① 在几个时辰里,急性脱水使得病人形销骨立,像他或她先前形象的一幅枯槁的漫画像,皮肤变成青紫色(在法语中,表达极度的、令人目瞪口呆的恐惧的词,仍是 une peur bleue,字面意义为"青紫色的恐惧",转义为"极度恐惧"),身体变冷;患病当日或时隔不久即命归黄泉。

小儿麻痹症②的后果或许是可怕的——它萎缩了身体——但它并不在肌肤上留下疤痕,或使肌肤腐烂:它并不令人厌恶。此外,小儿麻痹症只对身体造成影响,尽管看起来它对身体造成了足够的损害,但无损于面容。对小儿麻痹症的这

---

① 霍乱之所以比天花引起更大的恐慌,恐怕还不在于其美学方面(在这一点上,天花也不见得比霍乱占什么优势,甚至糟得多),而是其迅速传播和在短时间里致人于死地。《辞海》(一九七九年版)第二〇〇〇页"霍乱"词条云:"霍乱弧菌引起的烈性传染病。通常[由]被病菌污染的水或食物传播,多见于夏秋。本疾传播迅速,曾几度造成世界性大流行。主要症状为剧烈吐泻,呕吐物和粪便呈米泔水样,在短时间内因体内水分和电解质大量损失而进入虚脱状态。病死率高。"第一二二四页"天花"词条则云:"中医称痘疮。天花病毒引起的烈性传染病。通过接触或飞沫传播。早期症状有高热、头痛、全身酸痛、呕吐等,继而依次成批地出现斑疹、丘疹、疱疹,最后结痂,脱痂后留有痘疤(俗称'麻子')。得病恢复后有终身免疫力。"有意思的是,"天花"词条几乎有一半文字涉及了美学,而"霍乱"则几乎没有。此外,例如,在中国大众话语中,"麻子"是一个经常听到的称谓,仿佛一种疾病从某个人脸部留下的痕迹就等于这个人。这正如法国十九世纪作家莫泊桑对"麻子"的描绘,"像迎面被打了一枪霰弹"。这都是天花在美学上地位极低的体现。与此不同,"霍乱"则很少进入大众日常话语,但有时进入政治话语。——译者
② 小儿麻痹症,亦称"脊髓灰质炎"。《辞海》(一九七九年版)第一五一一页"脊髓灰质炎"词条云:"病毒引起的一种急性传染病。多见于小儿。轻症仅有低热而无瘫痪;重症发热较高,肢体疼痛,数天内出现瘫痪,以下肢见多,偶可发生吞咽和呼吸困难而危及生命。病人应卧床休息,严格隔离至少四十天。"——译者

种相对来说恰如其分、非隐喻性的反应，很大程度上归功于面孔的独特地位，它对我们判断身体的美感与身体的损伤来说具有决定性作用。尽管现代哲学和现代科学揭示出笛卡儿哲学中心灵与身体的分裂，然而这种揭示丝毫没有弱化这种文化有关面孔与身体分裂的观点，这种观点影响了礼仪、时髦、性方面的评价以及美感的方方面面——几乎涉及我们有关得体的所有观念。这种分裂，是欧洲文化的一种主要的肖像学传统中的要点，即描绘基督教徒殉道的肖像学传统。在这种描绘中，对殉道者脸部表情的刻画与其身体所面临的遭遇形成了一种令人惊骇的分裂。在圣塞巴斯蒂安、圣阿加莎、圣劳伦斯（但不是耶稣本人）的无数肖像里，脸部的表情显示出对身体下部正在遭受的残酷折磨的逆来顺受的优越感。在肖像的下方，是遭受摧残的身体。在上方，是体现于脸部的人的形象，他望着别处，通常望着上方，显示不出任何痛苦或恐惧；他已在别处了（只有作为人之子和神之子的耶稣才在脸部显示出受难的样子：表明他在忍受极大的痛苦①）。我们对人及其尊严的看法，依赖于这种脸部与身体的分

---

① 四福音书（又称"同观福音"）关于"耶稣之死"的记载不尽相同。其中《马泰福音》（第二十七章第四十五节）和《马可福音》（第十五章第三十三节）较为相近，都提到耶稣在十字架上临死前最后发出的那句显示人的软弱性的呼唤："我的上帝！我的上帝！您为什么遗弃我？"《路加福音》（第二十三章第四十四节："耶稣高喊道：'天父啊，我把我的灵魂交到您手里了！'说到此，他便停住了呼吸。"）和《约翰福音》（第十九章第二十八节："耶稣说道：'一切都结束了。'然后，他垂下头，死去了。"）的记载却把这种一时的软弱性给去掉了。——译者

裂，①依赖于脸部是否免于或自我免于身体所受的遭遇。像心脏病和流感这种疾病不管是否有生命之虞，它们都不损害或扭曲脸部，也就从来唤不起最深处的恐惧。

并非脸部的每一种改变都被认为是可恶的或可耻的。最可怕的改变是那些带有动物特征的变化（例如麻风病②人的"狮脸"）或某种溃烂（如梅毒的情形）。在疾病被赋予的某些道德判断之下，潜藏着有关美与丑、洁与不洁、熟悉与陌生或怪异的审美判断（更准确地说，关于美与丑、洁与不洁、熟悉与陌生或怪异的判断，其形成要早于审美判断与道德判断发生分裂并最终走向似乎对立的时刻）。比这些形变更重要的是，它们反映了一种潜在的、持续不断的变化，即患者身体的分解溃烂。天花会带来形变，在脸上留下痘疤；然而天花的痘疤并不恶化。实际上，它们正是天花患者幸免于难的标志。但麻风病人、梅毒患者和艾滋病患者脸上的疤痕却是持续不断的病变、溃烂的标记；是类似有机物的东西。

---

① 除了某些有限的俏皮话外，对脸部的高贵性，并没有出现真正的反对观点。贡布罗维奇的小说《费迪杜克》死死抓住脸部与身体的分离的虚假性，对该书来说这颇为关键，该书反复提出这么一种看法，即身体只不过由部分组成而已，每一部分有其独立的生活，而脸部则仅仅是另一个身体部分。贡布罗维奇据以展开他对爱欲和社会阶层进行后拉伯雷式嘲讽的观点，是一种有关被迫地、屈辱地回归童年的观点，而不是一种有关疾病被迫遭受屈辱的观点。这就是说，贡布罗维奇的这部小说是喜剧，而不是悲剧。

② 麻风病，《辞海》第二〇五九页的词条又作"麻风"："麻风杆菌引起的一种慢性传染病。由长期密切接触而传染。主要有两大类型：(1) 瘤型，传染性较大，皮肤损害为边缘不清的红斑、结节或片状肿块。(2) 结核样型，一般无传染性，损害主要为边界清楚的红斑或浅色斑，有显著感觉障碍及神经粗大。预防：将有传染病的病人隔离治疗，对接触者接种卡介苗，并定期检察。"与天花一样，麻风病对人的面部损害较大。——译者

疾病的隐喻 | 133

对有机物作邪恶的特征描述，曾风行于十九世纪，以此来描绘疾病及其原因。某些特别的疾病，例如霍乱以及那种总的来说易于感染疾病的体质状态，被认为是因某种"被污染的"（或"肮脏的"）环境所致，即因不洁之物中自发产生的渗出物所致。携带疾病的环境，通常被认定为腐烂的有机物（首先依据其散发出来的难闻气味予以确认），进而，又被等同于城市的肮脏，而不是农村的肮脏，城市充斥着垃圾和腐烂物，与坟场颇为相似。随着巴斯德和科赫对某些微生物所起作用的发现，这些看法最终失去了说服力。到一八八〇年，科学界不再相信有关这些被称作"瘴气"的渗出物的说法，或不再相信那种有关"自发产生"的说法（在一八八三年，即科赫发现结核杆菌一年后，他又发现了引发霍乱的水传播细菌）。但即使在瘴气说遭到细菌污染说重创以后，瘴气说仍滞留不去，尽管被剥夺了疾病第一成因的地位，却在众多疾病的解释中以某种似是而非的"并发因素"的面目出现。那种认为生活于昏暗、龌龊的城市会引发结核病（或至少令人怀疑与结核病有关）的看法，不过是瘴气说的另外一个版本而已，而且，在结核病的实际病原被发现很久之后，一直到二十世纪，还有人相信它。看来，为了赋予一种疾病以道德意义，就似乎需要某种类似瘴气说提供的东西，即把污染扩大化为整个环境的污染。

在瘴气说被科学家抛弃后不久，它启发了至少一部伟大的艺术作品，即德彪西根据梅特林克剧本《佩勒雅斯与梅丽桑德》改编的歌剧，一部类似于以瘴气世界为背景的《瞿斯坦与伊索德》。在《佩勒雅斯与梅丽桑德》中，人人都在说自己感到软弱和失落，一些人则病痛缠身；古老、破败的城堡照不进一丝阳光；而大地上则布满无形的恐怖，到处是让人失足跌落进去的阴暗潮湿的深沟——除恶臭外，与瘴气相关的因素在此一应俱全。对我们来说，《佩勒雅斯与梅丽桑德》似乎是对心理疾病、对神经官能症的出色描绘，这样看不无道理。这是因为，正当"通病"这个范畴被有关致病原因的极其具体性的新知识从十九世纪的医学思维中清除出来时，它却移入了心理学这个日益扩大的领域。本来是身体患病的人却成了患神经衰弱症或神经官能症的人。有关一种被有机物所污染、客观上存在着致病性的环境的观点，又一次出现在心理学的这一观念中，即认为存在着一种已遭到心理污染的气氛，它容易导致心理疾患的产生。

这一观点并不局限于心理学领域里，随着心理学新近获得了作为科学的可信度，它又返回来重新影响医学。人们普遍持这种观点，即众多的疾病，或者甚至是大多数的疾病，并非真正的"身体"疾病，而是心理疾病（比较保守地说，是"身心失调"），这种看法，再加上其对病因和意义的过多的解释，以一种新的样式使瘴气说的形式永恒化了，在二十世纪获得了登峰造极的成功。心理瘴气（消沉、抑郁）引发身体疾病的理论被运用于众多疾病，赋予这些疾病种种不同程度的体面，这其中也包括癌症。尽管艾滋病隐喻与癌症隐喻多有重叠之处，但艾滋病之区别于癌症的方面是，没有人或至少现在还没有人想去将艾滋病心理化，尽管它塞满了有关能量、灾祸方面的特别现代的评价，却被看作是向诸如麻风病和梅毒这样的前现代疾病形式的一个倒退。

5

"瘟疫"①是用来理解艾滋病这种流行病的主要隐喻。正因为艾滋病的出现，以前那种把癌症当作一种流行病甚至一种瘟疫的普遍误解，才似乎变得无足轻重了：艾滋病使癌症变得平淡无奇。

瘟疫(由拉丁语 plaga 而来，意思是"突然发作"、"伤

---

① 瘟疫，并非一种具体的疾病的名称，而通指大规模流行性急性传染病。中医称之为"瘟疫"、"瘟"或"疫"。但在英语中，它也可指鼠疫（腺鼠疫、肺鼠疫等），如一六六五年伦敦爆发的流行性腺鼠疫，又被称为"the Great Plague"（伦敦大瘟疫）。正因为瘟疫不是特指某一种具体的流行性传染病，而是泛指那种大规模的可怕的流行性传染病，因此它在各种语言中都几乎成了一个繁殖力和适应性很强的隐喻，可用来指天罚、祸患、烦恼等一切令人受折磨的灾难，所以蝗灾也可以被称为"a plague of war"，战争可以被称作"a plague of burglaries"，而当一位中国奶奶拿她调皮的小孙子没办法时，也常常把他唤作"小瘟神"。至于鼠疫这种有具体所指的疾病，则是鼠疫杆菌引起的烈性传染病。《辞海》第二〇七三页"鼠疫"词条云："一般先在家鼠和其他噬齿类动物中流行，由鼠蚤叮咬而传染给人。常先引起淋巴结炎，轻症局限于此；重者病原体侵入血液，引起败血症或肺炎，分别称为腺型、败血型和肺型鼠疫。后者亦可经呼吸道传播而得。主要症状有高热、出血倾向、极度衰竭等严重中毒现象。此外，由于临床类型的不同，尚有各自的局部特征。"——译者

口")一词,长期以来一直被隐喻地加以使用,用来指最严重的群体灾难、邪恶和祸害——如普洛克皮乌斯在其诽谤性杰作《秘史》中称查斯丁尼皇帝比瘟疫还坏("躲过其淫威的人比躲过瘟疫的人还少"),同时也通指众多令人恐惧的疾病。尽管被固定地称作瘟疫的那种疾病导致了传染病历史上最致命的传染病,然而,一种疾病并不一定非得以一个无情杀戮者的面目出现,才被看作是瘟疫。患麻风病现在几无性命之虞,然而,即便在一〇五〇年到一三五〇年间其最为肆虐的时候,也还不被看作瘟疫。梅毒一直被看作瘟疫——布莱克曾谈到"以瘟疫来毁坏婚姻之灵车"的"年轻妓女之咒"——但这并非是因为梅毒经常导致死亡,而是因为它让人丢脸、使人无地自容、令人厌恶。

被看作是瘟疫的通常是流行病。此外,这类疾病的大规模发生,不只被看作是遭难,还被看作是惩罚。把疾病当作惩罚,是对病因的最古老的看法,也是一种为真正够得上医学高贵名声、关注疾病本身的人所反对的看法。希波克拉底曾就流行病写过数篇文章,特别把"上帝之怒"从腺鼠疫的成因中清除出去。但在古代被解释为惩罚的那些疾病,如《俄狄浦斯》中的瘟疫,并不被认为是丢脸的,这与麻风病以及随后的梅毒后来的情形不同。就疾病在那时所获得的意义而言,疾病是群体灾难,是对共同体的审判。惟有伤残,而不是疾病,才被看作是个体的报应。要在古代文学中找到与那种有关令人蒙受羞辱、避之惟恐不及的疾病的现代看法相类似的东西，人们只能勉强举出菲罗克忒忒斯及其散发恶臭的伤口的例子。

最令人恐惧的疾病，是那些似乎特别容易提升到"瘟疫"的疾病，即那些不单单危及性命，而且使身体发生异变的疾病，例如麻风病、梅毒、霍乱以及癌症（在许多人的想象中，癌症也被包括在这类疾病里）。麻风病和梅毒最早被固定地描绘为令人憎恶的疾病。正是在十五世纪末医生们对梅毒的最早描绘中，梅毒滋生出了一些隐喻变体，日后将附着于艾滋病之上：成了这么一类疾病的隐喻，即不仅可憎，是报应，而且是群体性的入侵。尽管十六世纪早期欧洲最有影响的学者伊拉斯谟把梅毒描绘成"只不过是麻风病之一种而已"（到一五二九年，他又称梅毒是"比麻风病更糟的东西"），但因梅毒为性传播疾病，早已被当作一种不同的疾病。帕拉切尔苏斯谈到"那昔日只侵犯区区数地人类居民的龌龊传染病，现今已泛滥开来，是上帝最初为惩罚人类的普遍放荡而降下的疾病"（据多恩意译）。不过，在很长一段时间里，差不多一直到梅毒能被轻易治愈后，把梅毒想象为对某个个体的罪过的惩罚，与把它看作是对某个共同体的放荡的报应，其间并无真正区别：这与现今富裕工业国家艾滋病的情形相似。与癌症这种被以现代的方式看作是个体所患（及显现为个体）的疾病形成对比的是，艾滋病被以前现代的方式看待，被视作这么一种疾病，其患病者既作为个体，同时又作为"高危群体"之一员——"高危群体"这个听起来不偏不倚的官僚机构用语，也使那种以所发生的疾病来判定共同体之腐败的陈旧观念得以复活。

※ ※ ※

当然，对瘟疫或类似瘟疫的疾病的描述，并非全都成了这种有关疾病和疾病患者的夸大其辞的陈见的表达工具。对疾病（以及一般灾难）所作的批判性、历史性的思考，贯穿于整个十八世纪，或者说从笛福的《大疫年记事》（一七二二）一直到亚历山德罗·曼佐尼的《未婚夫》（一八二七）。笛福那部假托为一六六五年伦敦腺鼠疫亲历记的历史小说，全然不为那种将瘟疫视作惩罚或（该作品后面部分所谈及的）转化性体验的见解推波助澜。曼佐尼在其对一六三〇年横扫米兰公国的那场瘟疫的长篇描述中，显然致力于提供一种比他所依据的那些史料更确切、更复杂的观点。然而，即便是这两篇复杂的叙述，也难免强化了有关瘟疫的一些由来已久的简单化的观念。

对瘟疫的通常描述有这样一个特点，即瘟疫一律来自他处。当梅毒在十五世纪最后十年以流行病的形式开始肆虐整个欧洲时，人们给梅毒起的那些名字成了一些例证，说明人们需要把那些令人恐惧的疾病当作外来的疾病。① 梅毒，对英国人来说，是"法国花柳病"(French pox)，对巴黎人来说，是"日耳曼病"(morbus Germanicus)，对佛罗伦萨人来说，是"那不勒斯病"(Naples sickness)，对日本人来说，是"支那病"(Chinese disease)。不过，这类貌似对沙文主义的不可避免性所开的玩笑却抖露出了一个更重要的事实：在对疾病的想象与对异邦的想象之间存在着某种联系。它或许就隐藏在有关邪恶的概念中，即不合时宜地把邪恶与非我(non-us)、异族等同起来。污染者总是邪恶的，如玛丽·道格拉斯所言。这句话反过来说也不错：被判定为邪恶的人总是被视为或至少可能被视为污染源。

正如邻国气候中发生的剧烈变化可能波及本国一样，作为重大疾病发源地的外域，可能就是自己的邻国。疾病是一

---

① 正如有关这次流行性梅毒的最早描述所云："该病从受感染的不同的人那里获得了不同的名称。"吉奥瓦尼·第·维戈在一五一四年写道。像更早时候用拉丁语写的那些有关梅毒的论文——如尼古拉·里奥尼瑟罗（一四九七）和胡安·阿尔麦纳（一五〇二）所写的论文——一样，第·维戈的文章称梅毒为"法国病"（有关这篇文章以及这一时期其他记述文字的节录，包括《梅毒》以及杜撰了后来流行使用的"梅毒"一词的吉罗拉莫·弗拉卡斯托罗一五三〇年所著的《法国病之诗化史》，参见拉尔夫·H·梅杰一九三二年编选的《疾病的古典描绘》)。从一开始，道德化的解释就充斥于有关梅毒的文字中。在一四九五年，即那次流行性梅毒爆发一年后，马克西米连皇帝颁布诏书，宣布梅毒为上帝对人类所犯罪行降下的惩罚。

在十六世纪，人们接受了有关梅毒来源的另一番解释，时至今日对这一观点仍深信不疑的也大有人在，即认为梅毒не来自甚至比欧洲邻国更远的地方，对欧洲来说梅毒是一种全新的疾病，是哥伦布的水手们在美洲被感染后从新大陆带回到旧大陆的疾病。值得注意的是，最早谈论梅毒的医学作家并不接受这种似是而非的理论。里奥尼瑟罗《传染病管窥：法国病如何传播》一书一开篇就提出"法国病是否以别的名称常见于我们的祖先身上"这一问题，他说他自己坚信是这样。

种入侵，而且的确常常是由士兵携带而来。曼佐尼这样开始他对一六三〇年瘟疫的描述（第三十一到二十七章）：

> 卫生署官员们曾担心瘟疫会随日耳曼军队而进入米兰公国诸省，事实上，众所周知，瘟疫业已进入这些省份；同样众所周知的是，瘟疫并未止步于这些地区，而是继续前进，侵入意大利大部分国土，所到之处十室九空。

笛福对一六六五年瘟疫的记载以相似的风格开始，其中夹杂着他对瘟疫的外国来源的非常谨慎的思考：

> 大约是在一六六四年九月初，我和我的邻人们从别人的闲聊中听到荷兰再次发生了瘟疫；因一六六三年瘟疫就曾肆虐于该国，尤其是在阿姆斯特丹和鹿特丹两地，人们于是问，瘟疫到底来自何方呢，有些人说来自意大利，另一些人说来自黎凡特，是夹杂在货物中被土耳其船队从那儿带回到荷兰的；还有人说是来自干第亚；也有人说来自塞浦路斯。它从哪儿来并不打紧；但谁都同意说，它又回到了荷兰。

十七世纪二十年代再度出现在伦敦的腺鼠疫来自马赛，在十九世纪，人们总认为瘟疫是经由该城进入西欧的：由海员

疾病的隐喻

带来，然后由士兵和商人带到各地。到十九世纪，所谓外国来源常常带有更多的异域色彩①，人们更少去具体猜想疾病传播的途径，疾病本身业已成为幽灵和象征。

在《罪与罚》结尾，拉斯柯尼科夫梦到了瘟疫："他梦见，整个世界都遭了天谴，沦入一种从亚洲腹地而来、席卷欧洲的可怕而又奇特的新瘟疫。"在这句话的开头，使用的是"整个世界"，而到该句结尾却变成了"欧洲"，正在饱受来自亚洲的致命瘟疫之苦。陀思妥耶夫斯基心目中的那种瘟疫无疑是霍乱，称作亚细亚霍乱，曾长期是孟加拉的地方流行病，但在十九世纪迅速成为一种世界性传染病，并且在十九世纪大部分时间里一直如此。几百年来流行的那种欧洲作为优越文化体的观念，包含着这么一种看法，即欧洲是一个被来自其他地区的致命疾病所殖民化的地区。欧洲自身被想当然地

---

① "外国来源"（foreign origin）中的"外国"，不同于"异域"（exotic），例如法国和意大利互为外国，却不是"异域"（但西西里岛和西班牙在十九世纪法国的文学想象中经常被当作"异域"，如梅里美的小说《高龙巴》和《卡门》中的情形）。"异域"强调的是一种不同的文化或文明，当一个欧洲人说"exotic"时，通常是指不同于欧洲文化或文明的那些地域，如阿拉伯、"东方"（oriental）等，是"异国情调"，因此从这个词又派生出另外一些意义，如"奇异"、"奇特"、"怪异"等等。十九世纪上半叶是西方殖民主义扩张的鼎盛时期，同时也是欧洲浪漫派兴起与衰落的时期，两者形成了对"异域"的不同的想象形式，前者视"异域"为未开发的野蛮世界，是征服和奴役的对象，而后者却发现了"异域"的魅力（"异国情调"），把它奉为一种艺术风格或者情调。桑塔格在行文中还使用了另外一个词义与"foreign"和"exotic"有重叠之处的词——"alien"（外国的，外侨的，异己的，另类的，等等）。但在当今这个"政治上正确"意识普遍觉醒的时代，这些词用起来都很谨慎，因为它们都含有"排斥"的含义，例如，在美国官方文件上，谈到"外国留学生"时，不用"foreign students"，而以"international students"取而代之。这也是为什么一些到中国留学或旅行的美国人听到中国人称他们为"老外"（其实这并没有丝毫恶意）时，会感到受了侮辱。——译者

认为是理当免于疾病的（欧洲人对自己——以侵略者或殖民者的身份——带给异邦的、"原始的"世界的致命疾病所导致的程度大得多的毁灭，令人惊讶地不当一回事：想一想天花、流感和霍乱对美洲和澳洲原住民造成的灾难吧）。异域来源与可怕疾病之间的顽固联系，是霍乱之所以一直比天花更令人记忆犹新的一个原因，在十九世纪，欧洲共爆发四次大霍乱，其死亡率一次比一次低，而天花灾难却随着十九世纪的推移有增无减（五十万人死于十八世纪七十年代欧洲的天花流行），但天花不能被构想为一种非欧洲来源的类似瘟疫的疾病。

瘟疫不再被"带去"，如《圣经》和古希腊文献所描绘的，因为中介问题已经变得模糊了。取而代之的表述是，人们被瘟疫所"侵袭"。而且是屡遭侵袭，如笛福用来说明《大记事》系"一六六五年最后那场瘟疫袭来时伦敦所发生之事"之记事的副标题所不言而喻地显示的那样。甚至那些袭击非欧洲人的致命疾病，也可能被［欧洲人］称作"来袭"。但对疾病侵袭"他们"的描绘，总是不同于对疾病侵袭"我们"的描述。"我相信，半数左右的居民死于这场侵袭，"英国旅行家亚历山大·金莱克在腺鼠疫（有时称作"东方瘟疫"）肆虐开罗之际抵达该城，写道，"然而，东方人却比欧洲人在同类的灾痛下表现出更为隐忍的态度。"金莱克这部很有影响的著作《伊欧森》（一八四四）——其富有暗示性的副标题是

"东方之行带回的印记"——从这一幻象落笔,即没什么理由期盼免于灾祸的人,其感觉灾祸之能力势必萎缩,然后对众多由来已久的有关他者的那种欧洲中心主义假说进行了阐发。于是,人们相信,亚洲人(或穷人、黑人、非洲人、穆斯林)不像欧洲人(或白人)那样感到痛苦,或那样感到悲痛。把疾病与穷人——即从社会特权阶层的角度看,社会中的异类——在想象中联系起来这一事实,也强化了疾病与外国,即与异域、通常是原始地区之间想象性的关联。

于是,为这种有关瘟疫的经典描述提供例证的艾滋病,被认为是肇始于"黑暗大陆",然后扩散到海地,继而扩散到美国,扩散到欧洲,随后又扩散到……它被认为是一种热带病:是来自世界上大部分居民所居住的所谓第三世界的又一种侵扰,同时也是"热带的忧郁"[①]的一场灾祸。那些从众多有关艾滋病地理起源的说法中察觉出种族主义老调的非洲人是不无道理的(同样,当他们认为那种将非洲视为艾滋病摇篮的描述势必会加深欧洲和亚洲对非洲的偏见时,他们也不无道理)。对有关原始的过去的那些观念产生的下意识联想,对疾病可能来自动物(青猴身上的病?非洲猪瘟?)

---

① 桑塔格女士以斜体字标示"热带的忧郁"(*tristes tropiques*),既暗示以《热带的忧郁》为书名的那本书,又指这本书中所描写的热带地区的气质,这当然是一个欧洲人类学家对"热带"气质的一种想象。《热带的忧郁》为法国人类学家列维-斯特劳斯的著作,桑塔格曾撰文对这部著作以及作为人类学家的列维-斯特劳斯进行过评论,见《作为英雄的人类学家》,初载于《纽约书评》,后收入桑塔格一九六六年出版的文集《反对阐释》。——译者

传播而提出的诸多假说，都势必激活我们所熟知的那一套有关动物性、性放纵以及黑人的陈词滥调。在艾滋病夺走成千上万生命的扎伊尔及其他中非国家，反击已经开始。那里众多的医生、学者、记者、政府官员以及其他受过教育的人相信，艾滋病病毒是从美国带到非洲来的，是细菌战的一次行动（其目标是降低非洲的人口出生率），只是该行动失控了，反过来殃及其始作俑者。对艾滋病来源的这种坚定看法，在非洲还有一个通行版本，把艾滋病病毒说成是由中央情报局和美国军方合办的一所位于马里兰州的实验室培育出来的，然后从那儿被带到非洲，再由从非洲返回马里兰州的美国同性恋传教士带回到作为该病毒发源地的美国。①

起初，人们曾设想艾滋病势必会以其在非洲出现时相同的大灾难形式广泛流行于世界其他地区，那些至今仍认

---

① 该谣言不大可能是克格勃支持的"假情报"运动所制造的，但苏联的宣传行家们大力传播了这一谣言。苏联周报《文学报》一九八五年十月刊登文章说，艾滋病病毒系由美国政府在马里兰州德里克堡的生物战实验研究期间一手策划的，后由作为实验品的那些美国军人带到海外。该文章引述的消息来源为印度报纸《爱国者》上的一篇文章。消息经莫斯科英语电台"和平与发展之声"再次播送后，就被全世界的报纸和杂志所采纳。一年后，这则消息以显著的位置出现在发行量很大的伦敦保守派报纸《周日快报》的头版（"艾滋病病毒杀手系由美国科学家在实验室的实验中人为制造出来的，但该实验灾难性地失控了——为向世人掩盖这个秘密，至今仍讳莫如深。"）。尽管该消息为多数美国报纸所忽略，但《周日快报》的报道几乎为所有其他国家的报纸所转载。就在最近，一九八七年夏，该消息又出现在肯尼亚、秘鲁、苏丹、尼日利亚、塞内加尔和墨西哥的报纸上。戈尔巴乔夫时代的政治机构随即发表一篇官方声明，否认这一说法，该声明由苏联科学院两位著名人物撰写，载于一九八七年十月底的《消息报》。但这一传闻仍屡见报端——从墨西哥到扎伊尔，从澳大利亚到希腊。

疾病的隐喻 | 145

为这种局面终究会发生的人援引历史上的黑死病①为例。瘟疫隐喻是对流行病前景最充满悲观意味的解释的基本表达方式。从古典小说到最近的新闻报道，对瘟疫的通常描绘总提到瘟疫不可阻挡、无法避免。那些没有心理准备的人因此吓呆了，而那些留心专家们推荐的预防措施的人也同样吓坏了。如果这种描绘出自一个全知叙事者之口，如爱伦·坡从一则有关一八三二年霍乱流行期间巴黎举办的一场舞会的报道获得灵感而创作的寓言故事《红死病的面具》（一八四二）中的情形，那所有人都将被吓垮。如果故事的叙事者是一个遭难的目击者，一个将成为屈指可数的幸存者的人，那几乎所有人也将被吓垮，如让·吉奥诺的司汤达式的小说《屋顶上的轻骑兵》（一九五一）中的情形，该

---

① "黑死病"（the Black Death）为一三四五到一三五五年肆虐于欧亚两洲的鼠疫，最初由黑鼠携带病毒。此次瘟疫导致西欧和南欧人口减少三分之一到二分之一（亚洲缺乏此类统计）。正如桑塔格在前文所说，欧洲人习惯于把欧洲当作一个理所当然地免于瘟疫的特别之地。这种幻象甚至影响了一些严肃的学者，他们把"黑死病"当作亚洲的一场疾病入侵，例如以研究"黑死病"为课题的一些欧洲历史学家把这场瘟疫的发源地看作是"亚洲腹地"、"中亚"或者"中国东北"，是商人和鞑靼士兵沿丝绸之路带到西方的（参阅伊曼纽埃尔·勒鲁瓦·拉迪里：《历史学家的思想和方法》，中文版，上海人民出版社），甚至，拉迪里还为这种"欧洲豁免说"提供了一种科学的解释："爆发瘟疫所需要的复杂条件依然主要存在于中非和中亚地区，欧洲只是偶尔出现了这样的条件，而且不是很持久，瘟疫只光顾过那里两次（六到七世纪和十四到十七世纪），但都从来没有持续到两三百年以上。"此外，"在导致瘟疫的三种'自然的'细菌中"，第一类源自"中国东北和中国东海岸"，第二类源自"非洲"，第三类源自"中亚"。"英国豁免说"作为"欧洲豁免说"的一种更为偏激的地区版本，见于施鲁斯伯里的《英伦诸岛淋巴腺鼠疫史》，其中说到那种携带着造成十四世纪"黑死病"的鼠疫病毒的黑鼠"并不是欧洲土生土长的"，到公元一〇〇〇年左右，英伦诸岛依然很难见到这种黑鼠，但到了十三世纪，黑鼠在英国就司空见惯了，然后他作出结论：老鼠在中世纪进入英国并为流行性疾病的出现提供了条件，为一三四八到一三四九年的瘟疫和后来爆发的瘟疫打下了基础。——译者

小说描绘一个流亡的意大利贵族青年在十九世纪三十年代穿越霍乱肆虐的法国南部地区的故事。

※　※　※

瘟疫总被看作是对社会的审判，而艾滋病被隐喻地夸大为这一类的审判，也使人们对艾滋病全球扩散的必然性变得习以为常。这是以传统的方式利用了性传播疾病：性传播疾病不仅被描绘为对个体的惩罚，也是对某个群体的惩罚（"普遍放纵"云云）。为指认某个无法无天或者为非作歹的群体，人们不单单以这种方式利用性病。直到十九世纪后半叶，把任何灾难性流行病解释成道德松懈或政治衰败的症候，与把可怕的疾病同外国（或那些受人鄙视、战战兢兢的少数民族）联系起来的做法一样，都屡见不鲜。欲加之罪何患无辞，可提供的证据却毫无干系。曾将一八三二年霍乱流行与酗酒（禁酒运动那时行将开始）联系起来的英国循道公会牧师不可理喻地声称：凡染霍乱者，皆酒徒是也。不过，对那些"无辜的受害者"（小孩、年轻妇女），牧师们总还网开一面。当结核病被等同于穷人的（而非"生性敏感者"的）疾病时，它也被十九世纪末的改良派与酗酒行为扯在了一起。对这些与罪人和穷人连在一起的疾病的反应，是一律建议人们去接受中产阶级的价值准则：循规蹈矩的生活习惯，勤劳，情绪自控（酗酒则被认为是使情绪失控的罪魁祸首）。① 健康本身终于被等同于这些既带宗教色彩、又含商业气息的价值准则，健康成了德行的证明，正如疾病成了堕落的证据。洁净仅次于虔诚——这句格言被从字面上加以理解。随着十九世纪流行霍乱一次接一次爆发，对霍乱的宗教解释也渐次衰落下去；更确切地说，这些解释越来越与其他解释并存。尽管到一八六六年霍乱流行时，人们大多不把霍乱简单地视为上天降下的惩罚，而是本来可以补救的那些卫生条件欠缺的结果，然而，霍乱仍被认为是对罪人们的天罚。一位作者为《纽约时报》（一八六六年四月二十二日）撰文道："霍乱尤其是对漠视卫生法规行为的惩罚；是对肮脏者、放纵者和堕落者的诅咒。"②

现在若再以这种方式来看待霍乱或类似的疾病，似乎不可想象，但这并不意味着人们将疾病道德化的能力萎缩了，只不过是用来进行道德说教的那类疾病发生了变化。在过去近一个世纪的时间里，霍乱也许是最后一种够得上瘟疫地位的主要流行病（我此处所指的霍乱，限于欧洲和

---

① 据一项为现世主义改良派们所看重的更全面的诊断，霍乱是因饮食不良和"沉溺于不正常的生活习惯"所引起的。伦敦中央卫生署的官员们警告说，尚无任何具体治疗方法来对付霍乱，并建议居民注意呼吸新鲜空气和保持清洁，尽管"真正能阻挡霍乱的东西是健康的身体和愉快、悠闲的心情。"转引自R·J·莫里斯《一八三二年霍乱》（一九七六）。
② 转引自查尔斯·E·罗森贝格：《大霍乱年：一八三二、一八四九、一八六六诸年的美国》（一九六二）。

美国发生的霍乱,因而也就限于十九世纪;直到一八一七年,远东以外地区还从未发生过流行霍乱)。如果以死亡人数为衡量标准,那么流感比本世纪任何其他流行病似乎更像瘟疫,而且,它像瘟疫一样使人猝不及防,并迅速(通常在数日内)置人于死地,但它从来就不曾被隐喻地看作瘟疫。小儿麻痹症这种更晚出现的流行病也不被视为瘟疫。这些流行病之所以不使人联想到瘟疫的观念,其中一个原因是,它们并不完全具备人们长期以来赋予瘟疫的那些属性(例如,小儿麻痹症被解释为尤其见于小儿的病,即无辜者的病)。更重要的原因是,对疾病进行道德利用的焦点发生了转移。这种转移表现为向那些能被解释成对个体的审判的疾病的转移,这就使得像这样把流行病解释成瘟疫变得不那么容易了。在很长一段时间里,癌症一直是最适合这种世俗文化的需要(即通过疾病意象来进行谴责、惩罚和审查)的一种疾病。癌症是个体的一种疾病,它不被认为是某种行为导致的后果,而是行为失败(如不节制、不能适当自控、不能适当发泄)导致的后果。在二十世纪,要对流行病进行道德解释,已变得几无可能了——但那些性传播疾病不在此列。

  疾病暴露出道德的松懈或堕落,也是对这种松懈或堕落的惩罚——这种看法之根深蒂固,可以从另一种角度观察到,即混乱或腐败也被根深蒂固地描绘成疾病。瘟疫隐喻在对社会危机进行即决审判①方面如此不可或缺，以致在群体性疾病不再那么被道学地对待的时代（即介于发生流感和流行脑炎的十九世纪二十年代初期和中期与确认出现了一种神秘的新流行病［指艾滋病——译者］的八十年代初期之间的这段时间），在经常自信地宣称大的传染性流行病已一去不返的时代，②它仍没有被废止使用。在十九世纪三十年代，瘟疫隐喻常被当作社会和心理灾难的一个同义词。对瘟疫的这种形式的利用，常伴以夸大之辞，伴以反自由主义的态度：想一想阿尔托关于戏剧和瘟疫的说法吧，想一想威尔海姆·赖希关于"情绪瘟疫"的说法吧。这种见怪不怪的"诊断"必定助长反历史的思考方式。它既是一种神正论（theodicy），又是一种鬼魔学（demonology），不仅规定某种作为邪恶象征的东西，而且使之成为粗暴、可怕的审判的承受者。在卡雷尔·恰佩克的《白瘟疫》（一九三七）中，令人憎恶的瘟疫出现在一个法西斯行将掌权的国家，但瘟疫只侵害四十岁以上的人，即那些道德上可能负有责任的人。

恰佩克的这出寓言剧写于纳粹占领捷克斯洛伐克前夕，

---

① "即决审判"（summary judgement）为法律用语，指未经陪审团听审而作的判决。——译者
② 时至一九八三年，《瘟疫与人》的作者、历史学家威廉·H·麦克尼尔在评论一部有关黑死病历史的新作时，一落笔就断言道："使我们不同于我们的祖先并使当代体验全然有别于其他时代的那些事物之一，是传染病不再是人类生活中的一个严重因素。"（《纽约书评》，一九八三年七月二十一日）这种说法以及其他许多类似说法所显示的欧洲中心主义的自以为是一目了然。

算是寓言剧的一种变体——是利用瘟疫隐喻来传达被一个欧洲主流自由主义者定义为野蛮的那种威胁。剧中神秘、恐怖的疾病是一种类似麻风病的病，一种想当然源自亚洲的来势迅猛、完全致命的麻风病。但恰佩克对把政治邪恶等同于外国入侵不感兴趣。他的说教之所以获得认可，在于他关注的不是这种疾病本身，而是科学家、记者和政客对有关这种疾病的信息的处理。剧中，该疾病最著名的专家对一位记者慷慨陈词（"您或许会说，这是当前的一种病。至今已有五百万人被这种疾病夺去了性命，两千万人被感染，至少有三倍于此的人对他们身体上出现的石斑状、石斑大小的疱疹浑然不觉，仍忙着自己的事。"）；他斥责一位医学同仁使用"白瘟疫"和"北京麻风病"这些俗称，而不是"郑氏综合征"这个科学术语；他幻想着他的诊所在查明这种新病毒、找到治疗方法上进行的工作（"世上每个诊所都有其细致的研究计划"）将如何增加科学的威望，也将因其发现而获得诺贝尔奖；他想象着治疗方法被发现时如何欣喜若狂（"这是有史以来最危险的疾病，比腺鼠疫还可怕"）；他拟订将有症状的人送往严加看管的拘留营的计划（"考虑到该疾病的携带者是该疾病的潜在传播者，我们必须为未感染者提供保护，使他们远离已感染者。在这方面若以慈悲为怀，就会危及他人，因而也就是犯罪"）。不管恰佩克的反讽看起来多么漫画化，它们都是对作为现代大众社会中受操纵的公共事件的灾难（疾病、环境方面的灾难）的可信描绘。此外，不管恰佩克多么老套地使用瘟疫隐喻，把瘟疫当作因果报应的手段（在剧末，瘟疫使该国的独裁者本人也一命呜呼），他对公共关系的敏感仍使他在剧中揭示出疾病何以作为隐喻来被理解。那位杰出的医生声明，科学取得的成就，与那位行将发动一场战争的独裁者的武绩比起来，根本算不上一回事，"他阻止了一场糟糕得多的灾难：是致命地侵蚀着我们国家肌体的无政府主义祸害、腐败麻风病、野蛮自由流行病和社会解体瘟疫"。

十年后问世的加缪的《鼠疫》，是另一个伟大的欧洲自由主义者以不那么自由主义的方式采用瘟疫题材创作的作品，其细致入微的程度，与恰佩克《白瘟疫》的提纲挈领好有一比。正如不时有人指出的那样，加缪的这部小说不是一部政治隐喻之作，书中那场爆发于地中海某港口城市的腺鼠疫并不象征纳粹的占领。这场瘟疫不是报应。加缪并不是在抗议什么，既不是在抗议腐败，或者抗议专制，甚至也不是在抗议死亡。这场瘟疫只不过是一起典型事件，是使生命被赋予了严肃性的接二连三的死亡。他对瘟疫的使用，更是象征，而不是隐喻，显得超然、节制、明智——它并不意味着审判。但正如恰佩克剧中人物一样，加缪这部小说中的人物感叹，在二十世纪发生瘟疫是多么不可思议啊……倒好像是对此类灾祸不可能发生、不再可能发生的信念，实则意味着此类灾祸必定发生。

6

数十年来,人们一直自信地认为灾难性流行病的时代已一去不返,在这个时候,一种新的灾难性流行病的出现,还不足以复活那种将流行病夸张为"瘟疫"的道学老调。要做到这一点,该流行病必须是一种其最通常的传播方式是性传播的流行病。

科顿·马瑟曾称梅毒为"上帝的正义法庭为我们晚近的时代预备的"惩罚。想到这句以及其他自十五世纪末至二十世纪初围绕梅毒喋喋不休地发表的种种谬论,人们大概不会惊讶于如此之多的人想以隐喻的方式看待艾滋病——像瘟疫一样,把它视为对社会的一种道德审判。那些内行的谴责家们不会放过这个由一种致命的性传播疾病提供的卖弄修辞的机会。于是,艾滋病在其最初以流行病形式出现的那些国家里本来是异性间性传播疾病的事实,也未能阻挡诸如杰西·赫尔姆斯、诺曼·波德霍勒兹之流的公共道德卫士们把艾滋病描述为一种特别降临于西方同性恋者头上的天罚(这理所当然是他们自己惹祸上身),而里根时代的另一位名流帕特·布坎南夸夸其谈地提到"艾滋病与道德破产",杰里·法尔维尔则提供了一份总体性诊断书,称"艾滋病是上帝对一个不按其所立规则生活的社会的审判"。令人吃惊的倒不是艾

疾病的隐喻 | 153

滋病流行病被以这种方式加以利用,而是此等伪善之辞仅限于此类墨守成规的偏执者;有关艾滋病的官方话语倒是总在告诫人们谨防偏执。

那些宣称为上帝执言的人所作的声明,大可被当作那种通常基于性传播疾病而发的虚夸之词而不予理睬——从科顿·马瑟的指责,到巴西利亚教区法尔柯主教和里约热内卢教区红衣主教厄吉里奥·萨尔斯这两位巴西宗教界的头面人物最近发表的声明:法尔柯主教宣称艾滋病是"道德颓废的后果",而萨尔斯红衣主教则双管齐下,把艾滋病描绘为"上帝的惩罚"和"自然的报复"。更令人感兴趣的是此等恶毒言辞的世俗附和者,因为他们的目的更复杂一些。极权主义政治意识形态试图强化人们的恐怖感,一种外来占领迫在眉睫的危机感,这有利于它们自身的既得利益——而重大疾病是可资利用的材料。流行病常常引发禁止外国人、移民入境的呼声。而恐外性的宣传总是把移民描绘成疾病(在十九世纪末,是霍乱、黄热、伤寒、结核等疾病)的携带者。因而,似乎顺理成章的是,法国政坛上的要人、极端本土文化保护主义和种族主义观点的代表人物让-玛丽·勒蓬提出一项旨在煽起法国人对艾滋病这种新出现的外来危险的恐惧感的策略,他顽固地认为艾滋病不仅通过病菌传染,而且也通过接触传染,还呼吁在全国范围内进行强制性体检,隔离那些艾滋病病毒携带者。对南非的现政权来说,艾滋病不啻一件礼物，前不久，其外交部长引证［作为劳务输入而］进入本国的纯黑种人邻国的矿工中艾滋病的发病率，称："恐怖主义者正携带着一种比马克思主义还可怕的武器接近我们，这种武器就是艾滋病。"

艾滋病这种流行病充当着第一世界的政治偏执狂们表达自身意念的理想工具。所谓艾滋病病毒，不仅可被看作一个来自第三世界的精锐的入侵者。而且，它还可以代表一切具有神话色彩的威胁。在美国，艾滋病尚没有引发露骨的种族主义反应，像在欧洲国家的情形那样，这其中也包括苏联，它强调艾滋病的非洲起源。在苏联，艾滋病既是有关第二世界威胁的那些感觉的一个提示，又是第三世界入侵的一个意象。可以预料，在美国，那些致力于从艾滋病这种流行病中找出道德教训的公共喉舌们，如诺曼·波德霍勒兹之流，无非是这样一些人，其心之所系，是担忧美国能否不坠其意志，继续维持其好战性、军备开支以及坚定的反共立场，他们到处寻找美国政治权威和帝国权威衰落的迹象。对"同性恋瘟疫"的谴责，是对当代各种形式的宽容忍让的更大抱怨的一个部分，这种抱怨常见于西方反自由主义分子以及来自苏联阵营的众多流亡者中：此乃对"软弱"西方的现已变得司空见惯的指责，说它沉湎于享乐主义，陶醉于粗俗的性感音乐，沉迷于毒品，而其家庭生活却支离破碎，凡此种种，都削弱了西方挺身反抗共产主义的意志。对那些将自己的政治议事日程转换成群体心理学问题即事关民族尊严和民族自信的问题的人来说，艾滋病是一个颇受关注的话题。尽管这些脾气很坏的职业道德家们顽固地认为艾滋病是对偏离常规的性行为的惩罚，但推动他们的东西，并不仅是或甚至主要不是对同性恋的憎恶。更重要的是，艾滋病对所谓的新保守主义所从事的那些主要活动中的一项不无用处，即对所有被笼统地（也是不确切地）称为"六十年代"的一切事物展开"文化战"（Kulturkampf）。有关"意志"的整个政治——即不宽容的、偏执狂的和恐惧政治软弱的政治——全都盯上了艾滋病。

对几代人以来为建立共识而一直悉加培养的那种我们并不陌生的恐惧感（如对"颠覆"的恐惧）来说，艾滋病是一个再恰当不过的刺激物——对这种新近出现的对无法控制的污染和无法阻挡的来自第三世界的移民潮的恐惧来说，亦复如此——以至于在美国社会，艾滋病似乎不可避免地要被视为某种席卷一切、危及文明存亡的东西。使人们对艾滋病的易传播性及其快速扩散的恐惧一直处在活跃状态，以此来提升艾滋病的隐喻地位，这无损于艾滋病的这一状况，即它主要被作为违禁行为的后果（或经济和文化落后的后果）。艾滋病是对偏离常规的行为的惩罚，艾滋病危害无辜者——有关艾滋病的这两种观念，彼此并不相左。这正体现了瘟疫隐喻的非同一般的潜能和功效：它使得人们既把疾病看作是脆弱的"他者"自己所惹的祸,又看作是每个人(可能患上)的病。

可是,强调艾滋病如何威胁每个人(以此来激发恐惧,强化歧视)是一回事,而(为消除歧视,减少诋毁)指出艾滋病将最终直接或间接影响每个人,却根本是另一回事。近来,那些一直盼望着利用艾滋病进行针对偏离常规行为的意识形态动员的同一批神话编纂者们,已放弃他们曾对艾滋病所作的最能激发恐慌感的评估,转而跻身于那些扬言艾滋病感染不会波及"普通人口"的诸君中最能说会道者之列,其注意力已转移到对艾滋病恐惧引发的"歇斯底里"或"疯狂"的谴责上。他们现在认为,艾滋病被给予了过多的公共性,他们在这种过度的公共性背后识别出了这么一种欲望,即通过把"他们的"疾病一致说成是"我们的"疾病而去安抚那少数权力无边的人——此乃邪恶的"自由主义"价值之甚嚣尘上和美国精神之日渐衰败的又一明证。反自由主义的艾滋病神话编纂者们的指控,使艾滋病成为每个人的问题并因而成为每个人必须了解的话题的做法,颠覆了我们对"我们"与"他们"之差别的理解,实际上开脱了"他们"的罪责,或至少使"他们"免受了道德评判(在这类修辞中,艾滋病仍被几乎完全等同于同性恋,特别是等同于鸡奸行为)。"难道美国成了这么一个国家,其课堂上不允许讨论十戒,而教师却被强制指导学生如何安全地进行鸡奸?"帕特·布坎南质问道,抗议由海军上将瓦特金斯主持的流行病调查总统委员会为禁止歧视艾滋病人而在最近出台的报告中提出的那个"愚蠢"建议。不是艾滋病,而是来自最有官方色彩的人士"为同情而抛开歧视和恐惧"(瓦特金斯报告用语)的呼吁,成了被攻击的主要靶子,似乎这些人的所作所为削弱了美国社会通过对性行为的裁决而进行惩罚和隔离的力量(或意愿)。

※ ※ ※

艾滋病似乎助长了一些不祥的意象,那些围绕某种既作为个体脆弱性的标志、又作为社会脆弱性的标志的疾病所滋生出的不祥幻象,在这一点上,它胜过了癌症,与梅毒旗鼓相当。艾滋病病毒侵入身体;而艾滋病——或者,依据这个更新版本的说法,对艾滋病的恐惧——却被描绘成对整个社会的入侵。一九八六年末,里根总统称艾滋病正在"我们整个社会肌体之中"扩散——当然,是"悄悄地"扩散。① 不过,尽管艾滋病是一个用来显示政体的不祥征兆的托辞,但它作为国内敌人的政治隐喻,也还得听上去可信才行,即便是在法国,亦不例外,在那儿,艾滋病——法语的

---

① 里根以此等陈词滥调表达出来的对他人疾病可怕现实的承认,与他最初对自身疾病的现实的否认形成对比。当被问及癌症手术后感觉如何时,里根答道:"我没有患癌症。我体内有一异物,癌症在此异物内,而该异物已经被取出了。"

"le sida"——被迅速补入政治恶语库。勒蓬草率地称自己的一些对手是"艾滋病似的"[AIDS-ish，法语为 sidatique，是生造词——译者]，而反自由主义的论辩家路易·鲍韦尔斯则把去年举行示威的那些国立高等学校学生说成是受了"心理艾滋病"的折磨（sont atteint d'un sida mental）。作为国际性政治邪恶的一个隐喻，艾滋病显得派不了多少用场。的确，让娜·柯克帕特里克曾一度经不起诱惑，将国际恐怖主义比作艾滋病，但此等妙语毕竟少之又少——这或许是因为，对这一目的而言，癌症隐喻已显得够丰富的了。

这并不意味着艾滋病反常地居然没被当作隐喻利用，只不过意味着艾滋病具有不同于癌症的隐喻潜能。当阿兰·坦纳的电影《幽灵谷》（一九八七）中的那位电影导演若有所思地说"电影像癌症一样"，并随即改口道"不，电影有传染性，更像艾滋病"时，这种对癌症与艾滋病的比照看起来似乎既是对艾滋病的笨拙的自我意识，又是对艾滋病的明显的不恰当使用。不是艾滋病的传染性，而是其特别的潜伏性，才为艾滋病提供了一种作为隐喻的更为特别的用法。因此，巴勒斯坦裔的以色列作家安东·沙马斯近来在耶路撒冷周报《柯哈伊》（Kol Ha'ir）上发表文章，一口气罗列出了政治、性和政治方面的大量幻象，将一九四八年以色列的独立宣言描绘成

"以色列土地上的犹太国"的艾滋病,其漫长的潜伏期制造出了伽什·厄姆宁和……[拉比梅尔·]卡哈内这样的人物。这是其开始之地,也将是其完结之地。尽管我对同性恋者不乏同情,但我抱歉地说,艾滋病主要危及那些对同性别的人有色欲的人,而由同一个民族组成的犹太国必然包含自毁的种子:我们称之为民主制的政治免疫系统将崩溃……罗克·赫德森曾一度非常显眼,有如帕尔马赫组织的成员,如今,在帕尔马赫组织烟消云散后,他也奄奄待毙了。以色列国(当然,是犹太人的以色列国)的确曾一度兴旺……

比艾滋病隐喻与潜伏期的关系更可大做文章的是艾滋病作为污染和异变的隐喻的潜能。癌症仍旧被当作令人恐惧或遭人谴责之物的常用隐喻,即便癌症已不像从前那么可怕。如果艾滋病最终能被派上类似的用场,那将不仅是因为艾滋病的侵入性(这是与癌症相同的特征),或甚至不仅是因为艾滋病的传染性,而是因为环绕艾滋病病毒的那种特殊意象。

病毒学提供了一套新的不依赖于艾滋病的医学隐喻,而这些隐喻却强化了有关艾滋病的神话。在艾滋病出现前许多年,威廉·伯罗斯莫测高深地宣称:"语言是一种病毒。"这得到了罗丽·安德森的回应。病毒解释越来越被经常地引用。一直到最近,大多数被确认为病毒性感染的感染,是一些能迅速产生后果的感染,如狂犬病和流感。然而,慢性发作的病毒感染的种类正在增多。中枢神经系统众多慢性的、常危及生命的紊乱和某些见之于老年的脑退化疾病,以及所谓自体免疫疾病,现在都被怀疑实际是慢性病毒疾病(越来越多的证据证明,至少有一些人体癌症是由病毒引起的)。有关"阴险"的说法,顺利地进入了那些被认为残酷、狡诈而又耐心十足的疾病的隐喻。与细菌这种相对复杂的有机体相比,病毒被描绘成极端原始的生命形式。同时,病毒的活动远比在早期感染模式中所观察到的细菌活动更为复杂。病毒不仅是感染、污染的中介,它们还传递遗传"信息",改变细胞。此外,它们大多自身演化。天花病毒可以历经数个世纪而保持不变,而流感病毒则演化迅速,以致每年都得更新疫苗,以跟上病毒"包衣"的变化。①导致艾滋病的那种病毒(或更确切地说,是种种病毒)至少与流感病毒一样易变。的确,"病毒"现在成了"变化"的一个同义词。最近,琳达·荣斯达特解释她为什么更乐于从事墨西哥民间音乐而不是摇滚乐时,说道:"在当代音乐中,除了变化,我们没有传统。变来变去,就像病毒一样。"

如果"瘟疫"在将来仍能被当作隐喻的话,那一定是通

---

① 疫苗之所以被视作对付病毒的效果最佳的应对手段,与使病毒变得"原始"的那些东西有关。细菌与哺乳动物细胞有许多形变方面的差异,它们可以在其寄居细胞外繁殖,这就有可能找到专门对付这些细胞的物质。而对于与寄居细胞连为一体的病毒来说,却极不容易将病毒功能与正常细胞功能区分开。因而,控制病毒感染的主要策略一直是发展疫苗,疫苗不会直接"攻击"病毒(不像青霉素攻击感染细菌那样),而是通过事先刺激免疫系统来"预先阻止"感染。

疾病的隐喻 | 161

过人们更为熟知的有关病毒的那些观念（或许在将来，细菌引起的疾病不会被看作瘟疫）。与计算机的力量相辅相成的信息本身，现在正遭到某种被比作病毒的东西的威胁。以软件病毒为人所知的那些捣蛋程序或非法程序，被描绘成类似于生物病毒的行为（生物病毒能俘获有机体的部分遗传密码，并传递外来遗传物质）。这些程序被人故意植入将用于计算机的软盘，或者，当一台计算机通过电话线或数据网络与别的计算机连通时，被人故意添入，这些程序能在计算机的运转系统中复制自己。正如这些程序的生物同名物一样，它们对计算机记忆产生的损害并不立刻表现出来，而是给新近"被感染的"程序以时间来扩散到其他计算机。这类得自于病毒学并部分因人们言必称艾滋病而被激发出来的隐喻，现在无处不在（破坏了宾州伯利恒城勒海大学计算机中心大量数据的那种病毒，被人命名为"计算机艾滋病"。在法国，计算机专家们已经开始谈论"信息艾滋病"的问题）。这些都强化了艾滋病无所不在的感觉。

也许并不出人意料的是，作为现代世界中最新的转变性因素的计算机，居然从我们最新的转变性疾病中借用隐喻。同样不出人意料的是，关于艾滋病病毒感染过程的描述，现在经常与计算机时代的语言相回应，如人们说病毒常常会制造"自己的新复本"。除了这种技术性描述外，病毒被生动地加以描绘的方式——如被描绘成伺机待发的威胁、被描绘成易变、鬼鬼祟祟、如生物般不断更新——也强化了人们对某一疾病可能是足智多谋、不可预测、日新月异之物的感觉。对艾滋病观念来说，这些隐喻颇为关键，它们使艾滋病与其他被看作瘟疫的疾病区别开来。这是因为，尽管艾滋病表现出来的那种恐惧由来已久，但艾滋病作为一个不期而遇的意外事件的地位，作为一种全新的疾病的地位——以及似乎作为一种新的审判的地位——强化了这种恐惧。

7

有些人不承认有新疾病存在，有些人认为许多旧疾病已消失，而那些被推崇为新疾病的疾病，也终将消失；然而，上帝的慈悲已播下了成堆的疾病，而且不使某一个国家独揽全部疾病：在一个国家是旧病的东西，在另一个国家是新疾。对地球的新探索发现了新疾病……如果亚洲、非洲和美洲也交出它们的疾病名单的话，那么潘多拉的盒子就膨胀了，势必出现一种奇怪的病理学。
——托马斯·布朗爵士《至交谢世之际致友人书》

当然，二十世纪八十年代初才被确认的艾滋病，不可能是一种新疾病。极有可能，艾滋病病毒已存在多时，而且不仅存在于非洲，尽管直到最近（而且在非洲）这种疾病才达到流行病规模。但在一般人的意识里,它是一种新疾病,对医学来说,也是如此:艾滋病标志着当代对待疾病和医学的态度的一个转折点,也是对待性行为和灾难的态度的一个转折点。医学曾经一直被视为一场旷日持久的战役,它已濒临尾声,正在通向胜利。但正当人们数十年来一直这样自信地以为流行病灾难已一去不返的时候,这种新出现的流行病却不可避免地改变了医学的地位。艾滋病的来临显示,传染性疾病远没有被征服,它们还将不断出现。

医学改变了习俗,而疾病又将这些习俗变了回去。避孕方法和医学对性传播疾病(以及几乎一切传染病)提供的易治愈性的保证,使人们能够把性行为视为一种不会产生后果的冒险。现在,艾滋病迫使人们认为性行为可能具有最可怕的后果,即无异于自杀或杀人(二十世纪八十年代初,当疱疹在美国引发大恐慌时,有人曾做过实验,看性行为是否会转换成危险之举,而在大多数案例中,疱疹只是显得可怕和不适合性行为而已)。性行为的目标本来只是现时体验(以及孕育未来),但对艾滋病的恐惧却把性行为冒险时所忽略的与过去的关系强加在这种行为上。性不再意味着性伙伴们脱离社会的行为,哪怕是短暂的脱离。它不能被看作是仅仅两个人之间的交媾;它还是一根链条,一根与过去相连的传播链条。"因此,务必记住,当一个人发生性行为时,他不仅仅是在和当下的那一个性伙伴发生性行为,而是在和那个性伙伴在过去十年间与之发生性行为的每一个人发生性行为，"卫生与公共服务部部长奥提斯·R·波文在一九八七年就人们乐此不疲的暧昧性行为发表讲话称。艾滋病揭示出，除长期稳定的一夫一妻性关系外，其他所有性关系都是乱七八糟的（因而是危险的），也是偏离正轨的，因为现在所有的异性恋关系也成了同性恋关系，尽管人们一度把异性恋排除在［艾滋病传染途径］之外。

对性行为的担忧，是对我们每个人都身居其中的这个充满恐怖的世界的新的担忧，它由疾病引发。恐癌症曾使我们习惯于为环境的污染而担忧；现在，我们担忧人的污染，对艾滋病的焦虑不可避免地传递着这种担忧。对圣餐杯的担忧，对外科手术的担忧：此乃对被污染之血液的担忧，无论是基督的血，还是你的邻人的血。生命——血液和性液——自身成了污染的载体。这些体液可能会致人于死地。最好别去接触它们。人们储存自己的血液以备将来之用。匿名献血本来是我们社会中利他主义的典型行为，现在也受了牵连，因为没有人敢保证匿名捐献的血液是否安全。艾滋病不仅带来了这种令人不快的后果，即强化了美国在性方面的那种道德主义，而且还进一步巩固了那种常常被推崇为"个人主义"的自利文化。自利如今被当作不言而喻的医学上的谨慎，获得了额外的抬举。

所有急性流行病，包括那些并无性传播嫌疑或任何罪责嫌疑的流行病，都会引起人们回避和排斥这一类差不多相似的行为。在一九一八到一九一九年流感肆虐期间——流感是

疾病的隐喻 | 165

由空气传播病毒（经由呼吸系统传播）导致的一种高传染性疾病——人们被告诫不要握手，在接吻时要以手绢来罩住嘴。警官们奉命在进入有病号居住的房子前戴上纱布口罩，正如现在许多警官在下城区的穷街陋巷里执行抓捕任务时的做法一样，因为艾滋病在美国已日益成为城区穷人、尤其是黑人和拉丁美洲裔人的一种疾病。在一九一八到一九一九年的流感大流行时，许许多多的理发师和牙科医生都戴上了口罩和手套，正如今天的理发师和牙科保健专家们的做法一样。不过那场夺去了两千万人生命①的大流感，只不过是十五个月里

---

① "两千万人"——原文如此。在《作为隐喻的疾病》的第八节的末尾，桑塔格也提到一九一八到一九一九年的这场大流感，说它导致的死亡人数"比第一次世界大战四年间死去的人还要多"。据历史学家保罗·肯尼迪提供的数字（见其《大国的兴衰》第六章）以及其他一些历史学家的统计，一九一四到一九一八年为期四年半的第一次世界大战，战场死亡人数约为八百万（法国历史学家安德烈·莫鲁瓦在《美国史》中提到的数字是八百五十万），除俄国以外的欧洲其他地区的平民伤亡可能超过五百万。肯尼迪继续写道："这些受到战争削弱的地区哪一个也没有逃脱掉一九一八到一九一九年那场可怕的流感的传播，这一灾祸又夺走了数百万人的生命。"桑塔格依据的肯定不是这个统计数字，而是类似英国历史学家保罗·约翰逊提供的那一类数字，在《现代》一书中，约翰逊谈到一九一八到一九一九年的大流感时，说："一九一八到一九一九年，一场全球流行的流感病毒瘟疫爆发仅限于战争区域。尽管这一地区蒙难最深，但这场瘟疫也使欧洲、亚洲和美洲的四千万人丧生。"（该书第一章）我只翻阅了有限的几本著作，就得到了几个大有差别的数字，从数百万，到两千万，再到四千万。考虑到那个时代统计学的落后和统计手段的原始（更不用说亚洲的统计），那么这些数字显然都缺乏足够的说服力。至少，在那个时候，中国还没有建立起统计网络。此外，这些统计数字还有一个缺陷，即统计的地理范围的问题：谈到"一九一四到一九一八年的第一次世界大战"时，地理概念非常清楚，是指欧洲（因而也就没有把这期间其他地区的战争死亡计算进去，因为所谓"世界大战"，就是欧洲战争），而谈到"一九一八到一九一九年的大流感"时，地区概念却变得模糊不定，有时是指欧洲和美洲，有时是指"全球"（因为把亚洲包括进去了）。如果说两种统计针对的对象不一样，那就很难进行孰多孰少的比较了。有意思的是（而且令人深思的是），似乎离一九一八到一九一九年大流感时间越远，统计数字就越大，从"数百万"，到"两千万"，再到"四千万"。到底是越来越精确了，还是越来越模糊了？此外，似乎存在着一种对历史中的大灾难的夸张的想象力，倾向于越来越放大灾难的死亡人数，以获得一种历史恐怖感。——译者

的事。由于一种慢性流行病的出现，这些相同的预防措施又一次获得了人们的重视。它们变成了社会习俗的一部分，而不是一种为应一时之急而采取并随后抛弃的行为。

对一种人们别指望会随即出现疫苗、更别提治疗方法的流行病来说，预防在意识中更起作用。然而为使人免于得病而进行的这些预防运动，在性传播疾病那儿却遭遇到重重困难。在美国历次卫生运动中，对是否向公众传授有关更安全的性生活方式的信息，向来都心存犹疑。一九八七年底由教育部颁布的《美国学校指南》不去谈论如何减少性生活的风险，而是把节制作为防范艾滋病的最好方法，这令人回想起第一次世界大战时给士兵们的布道，即贞洁既是防范梅毒的惟一武器，也是在反击奥匈帝国时所承担的爱国义务中的一部分。① 一谈到避孕套和清洁针头，就被认为是在宽容和怂恿不正当的性行为和非法使用化学制品（在某种程度上说，也确实如此。为指导人们如何免于感染艾滋病而进行的教育，的确暗含着对那些形形色色根深蒂固的性感觉表达方式的承认，因而也就暗含着宽容）。就性问题而言在公共法令层次上显得不那么虚伪的欧洲

---

① 对不那么有冒险性的性行为拒绝予以指导，背后的原因是这么一种情感，即如果让一个人的性生活服从于安全和谨慎的条条框框，那就不够男子气概了。据海明威在《午后之死》（一九三二）中显示的幻象："梅毒是中世纪东征的十字军战士们的疾病。它ే必是十字军战士们带到欧洲来的，它是一切不顾后果地生活的人的疾病。它是那些过着不正常性生活、而且出于心理习惯宁可抓住享乐机会而不采取预防措施的人容易得的疾病，此外，它还是所有那些执迷不悟的通奸者的生涯的终点或结局。"

疾病的隐喻 | 167

社会，不大可能去鼓励人们保持贞洁，以此来警告人们谨守节制。"小心，艾滋病！"和"艾滋病！别死于无知！"这一类几年来常见于整个西欧的告示牌和电视插播画面的套话的具体含义是：使用避孕套。不过，在这些劝人如何小心、如何避免无知的话语里，还有一层促使人们接受广告上这类公共服务的更大含义。为使一个事件显得确有其事，方法之一是反复谈论它。这样，反复谈论它，就是在提供任何具体建议之前，先灌输风险意识以及节制之必要性。

※　※　※

当然，在官方由来已久的虚伪与近几十年来时髦的自由主义之间，横着一条鸿沟。那种认为性传播疾病并不严重的观点，在二十世纪七十年代达到了顶点，那时也适逢众多的男同性恋者把自己设想为一个类似"族群"的团体，其与众不同的民俗是性贪婪，而城市同性恋的生活体系变成了一个具有史无前例的速度、效率和规模的性传递系统。对艾滋病的恐惧，迫使人们对性欲采取一种节制得多的行为方式，而且这还不局限于男同性恋者中间。在美国，一九八一年以前的性行为如今对中产阶级来说已成了失落的天真年代的一部分——当然，这天真披着性放纵的外衣。在二十多年的性挥霍、性投机和性膨胀以后，我们处在了性萧条的早期阶段。以现在的眼光回顾二十世纪七十年代的性文化，就好比从一九二九年大萧条这个不恰当的角度回顾爵士时代①。

我们所在的这个社会的一套话语是：消费，增长，做你想做的，享受你自己。这个经济体系提供了这些前所未有的以身体流动性和物质繁荣而最为人称道的自由，它的正常运转依靠鼓励人们不断突破界线。欲望想必是无所节制的。资本主义的意识形态使我们全都成了自由——无限扩大的可能性——的鉴赏家。几乎每一项主张都声称要为人们增加某种自由。当然，不是每一种自由。在富裕国家，自由越来越被等同于"个人实现"——独自（或作为个体）享有或实践的自由。因而近来出现了大量有关身体的话语，身体被再度想象成一个工具，越来越被用于执行各种各样自我改善和力量提升的计划。既然人们有消费欲望，既然自我表达也被赋予无可置疑的价值，那么，对某些人来说，性怎么会不成为消费者的选择呢——即自由的实践，更大流动性的实践，以及使界线步步后退的实践。男性同性恋亚文化以及毫无危险可言的性游戏的任何一种发明，都几

---

① "爵士时代"(the Jazz Age)指美国二十世纪二十年代，从更宽泛的时代分期来说，是指从第一次世界大战结束的一九一八年到经济大萧条来临前的一九二九年。把这个时代称为"爵士时代"的，是被认为是该时代"编年史家"、"桂冠诗人"的美国作家弗·司各特·菲茨杰拉德，他说："这是美国历史上最会纵乐、最绚丽的时代，关于这个时代将大有可写。"不过，另一方面，二十年代也是美国保守主义者和道德主义者颇为得意的时代，因为他们至少推动了一项宪法修正案，即《禁酒法案》（一九一九年通过，一九三三年被废除），从而以联邦法律的形式短暂地将"节制"（不饮酒）的道德规则强加于整个社会。——译者

疾病的隐喻 | 169

乎不是资本主义文化的必然的再发明，此前也不受医学的保障。艾滋病的来临似乎已无可挽回地改变了这一切。

艾滋病强化了那些十分不同却又互为补充的话语的力量，这些话语越来越经常地为我们这个社会里那些习惯于为自己提供快乐的人所闻，他们中越来越多的人被引导到自我约束、自我节制（节食、运动）的计划中来。小心你的欲望。照顾你自己。不要放纵自己。很久以来，以健康的名义或以塑造理想身体外观的名义，人们对某些过度的欲望施加了种种限制——是自愿的限制，是自由的实践。艾滋病灾难暗示出节制以及对身体和意识进行控制的迫在眉睫的必要性。不过，对艾滋病的反应还不仅仅是回应性的，不仅仅是对一种十分真切的危险的充满恐惧的、因而是恰当的反应。它还表达出了一种积极的欲望，即在个人生活中更加严于律己。在我们的文化中存在着一种广泛的倾向，一种时代终结的感觉，即认为艾滋病正在增强；对许多人来说，这意味着那些纯世俗理想的耗竭——这些理想似乎在鼓励放纵行为，或至少没有对放纵行为施加任何连贯性的限制，而对艾滋病的反应显示了这种耗竭状态。艾滋病所激发出来的那种行为，是对所谓"传统"的更广泛的欣然回归的一部分，正如艺术中对图像和风景、调性和旋律、情节和人物的回归以及对晦涩的现代主义的那些高论的摒弃。中产阶级中乱交欲望的减少，一夫一妻理想以及谨慎的性生活理想的增强，这些现象，在艾滋病病例不多见的地方，例如斯德哥尔摩，与艾滋病被确切地看作一种具有流行病规模的疾病的纽约，同样引人注目。对艾滋病的这种反应，尽管部分地是十分理性的，但它加深了人们自二十世纪七十年代以来就屡屡提出的对启蒙现代性诸多理想（以及冒险）的广泛质疑；与这种新出现的性现实主义形影相随的，是对调性音乐、布格罗绘画①、证券投资事业以及教堂婚礼的乐趣的再度发现。

对性游戏和性生意的风险与日俱增的恐慌，不大可能减少其他类型的欲望的吸引力：时装商店有望进占汉堡那座直到目前为止仍为"爱神中心"占据的建筑物。人们在深思熟虑后才进行性交换。在八十年代受过教育的人群当中，为准备过新的独身生活和降低性冲动而例行服用那些用来提高脑力工作和长时间谈判所需精力的药物（资产阶级对可卡因的使用，同样兴起于二十世纪七十年代）的现象相当普遍。而机器则提供了激发欲望并保持欲望的安全性的新的大众化方式，一些尽可能精神化的方式：由电话（在法国则是由所谓"小电话"）构成的商业化色情为人们提供了一种变相的乱交，即通过电话与陌生人发生性关系，而不必接触彼此的体

---

① Bouguereau Adolphe William (1825—1905)，法国学院派画家，维护正统艺术，对当时新出现的印象派绘画持排斥态度，而他自己的绘画作品则主要是人体画、田园画、历史画和宗教题材画，风格细腻严谨，在十九世纪颇受欢迎。——译者

液。对接触的限制现在也同样存在于计算机世界。计算机用户被告诫要留意每一个软件,视其为病毒的"潜在携带者"。"在把软件装入你的计算机前,务必先弄清楚该软件的来历。"正在开发的所谓"疫苗程序"据说能为计算机提供某种保护;不过,专家们一致认为,控制计算机病毒威胁的惟一可靠的方法,是不去共享程序和数据。这类使消费者对各种各样的商品和服务保持更小心、更自私态度的警告,实际上刺激了消费文化,因为这些焦虑会产生对更多商品和服务的需求。

8

那些特别恐怖的流行性疾病总会激起人们对宽容或容忍的抗议之声——如今,宽容已被等同于纵容、软弱、混乱和腐败:一言以蔽之,是不健康。人们发出呼吁,要求每一个人都进行"检测",要求隔离患者以及那些有疾病嫌疑或传染疾病嫌疑的人,要求设立关卡以阻挡来自外国人的或真实或假想的污染。那些本来就被当作要塞一样掌管着的社会,例如中国(只发现很少艾滋病病例①)和古巴(有大量已感染

---

① 桑塔格此文写于一九八八年,即最初的艾滋病病例被发现(尽管直到一九八三年才确认艾滋病病毒)后第七年。自中国在八十年代中、后期发现头几例艾滋病病例以来,十五年间,感染者已愈百万,其中相当一部分是河南农村的农民(卖血时医院使用被污染针头所致),另一些则主要分布在东南沿海省份以及北京、上海等社会流动性大的大城市,感染的渠道主要是同性恋性行为、(转下页)

艾滋病的病人),[36]对艾滋病的反应更为迅速,更为急迫。艾滋病成了每一个人的特洛伊木马:在一九八八年汉城奥林匹克运动会前六个月,韩国政府宣布,它将向所有参赛的外国运动员免费发放避孕套。"艾滋病纯系舶来疾病,而要防止它在印度扩散,所能采取的惟一途径是,严禁印度人与外国人发生性接触,"印度政府下属的医学研究委员会的主席如是说,以此公开承认一个近十亿人口的国家对艾滋病毫无防卫,它至今仍没有受过专门训练的医务人员或艾滋病专科治疗中心。他所提出的以罚款和判刑为强制方式的性禁止建议,作为一种防止性传播疾病的手段,与那些更经常地被提出来的隔离(即监禁)建议一样不切实际。在第一次世界大

(接上页)共用毒品注射器、接触被污染之血液制品等等。"AIDS"一词最初出现在中国报刊上(最初被译作"爱滋病")的时间大约在一九八四年以后,当时人们把它视作西方社会的一种流行病,认为是西方性解放导致的恶果。尽管这个时候中国的政治话语中已经不太容易见到诸如"腐朽没落的资本主义社会"之类的表述,但"爱滋病"被当作与己无关的一种外部疾病。因此,当中国出现艾滋病病例以后,艾滋病一时被当作了来自西方的疾病"侵入"。但随着艾滋病很快席卷全球,也相应成了中国社会必须严肃以待的一个迫在眉睫的问题时,"外来说"也就随之沉寂下来。但这时在普通民众与官方及公共媒体对待艾滋病的态度和使用的话语上出现了某种短暂的脱节现象:与普通大众的依然带有强烈道德评判色彩的态度和日常话语迥然不同,官方和公共媒体对艾滋病的态度以及使用的话语似乎一夜间发生了一种微妙的转变,显得明智、客观、冷静,甚至呼吁"理解和尊重爱滋病患者"。这甚至表现在"AIDS"这个名称的译法的变化上,由半带幽默、半含讽刺色彩的"爱滋病"(大众的诙谐表述是"由爱滋生的病")很快改译成纯粹中性色彩的"艾滋病",因而也就部分地使其与"性爱"的联想和幻象脱节。"艾滋病"这个名称在译法上的抽象化,有利于尽量防止不必要的意义自动联想。一九七九年上海辞书出版社修订出版的《辞海》当然不可能有"爱滋病"的词条,但一九八九年该出版社修订出版的《辞海》则收录了"艾滋病"(该词条开头部分为"艾滋病,又称爱滋病",仍保留了两种译法,但"爱滋病"已退居其次),一九九九年该出版社再次修订出版的《辞海》则在译法上仍同时保持两个译名,只增加了几行有关预防的文字。后两个修订本都有一句含混的描述:"病情恶劣。"奇怪的是,一九九六年出版的《现代汉语词典》修订本(商务印书馆)则没有"艾滋病"或"爱滋病"词条,却有"计算机病毒"。——译者

战期间，为防范应征新兵中出现梅毒，约三万左右的美国妇女（妓女或被怀疑为妓女的妇女）被禁闭在带刺铁丝网环绕的拘留营中，但这并没有导致军队中梅毒感染率下降——这正如第二次世界大战期间将成千上万的日裔美国人作为潜在的叛徒和间谍禁闭起来并没能阻止任何一起间谍活动或破坏活动一样。但这并不意味着，人们不会对艾滋病提出相似的建议，或找不到这些建议的支持者，此外，提出这类建议的也不见得仅仅是那些墨守成规的人。如果从整体上来说医学成就至今仍是明智和理性的保障，对有关隔离和监禁的计划甚至不屑一顾的话，那么，这可能部分是因为艾滋病危机的规模目前似乎仍然有限，而艾滋病今后的演变尚不明朗。

对艾滋病将扩散到什么程度——扩散速度有多快，会扩散到哪些人——的不确定感，一直萦绕在有关艾滋病的大众话语的中心。随着艾滋病在全世界的扩散，它是否仍主要局限于边缘人口：局限于所谓的"高危群体"以及大部分城市贫民？或者，它是否将最终变成那种席卷整个地区的古典流行病？实际上，这两种观点同时并存。在一波肯定艾滋病威胁每一个人的声明和文章之后，紧接着是另一波确认艾滋病为"他们"而不是"我们"的疾病的文章。一九八七年初，美国卫生与公共服务部部长曾预言，艾滋病的世界性流行将最终使黑死病——此乃有史以来最大的流行病，夺去了欧洲大约三分之一到二分之一的人口——似乎"相形之下黯然失色"。到这一年年底,他却表示:"艾滋病并非如许多人所恐惧的那样,会在异性恋者之间成群地、大规模地扩散。"比艾滋病公共话语反反复复的特点更令人吃惊的是,如此之多的人竟已准备停当,好去面对这场无孔不入的灾难。

在美国和欧洲,人们一而再、再而三地保证:"普通人口"是安全的。不过,这儿所说的"普通人口"可能只是白人的代称,正如它可能只是异性恋者的代称。谁都知道感染艾滋病的黑人特别多,正如军队中的黑人特别多、监狱中的黑人尤其多一样。美国艾滋病研究基金在最近的一次募捐活动中打出了"艾滋病病毒是一个机会均等的破坏者"的口号。该口号以谐音双关语的方式套用了"机会均等的就业者"这句口号,却因此下意识地重申了它本来要否定的东西:在世界的这个角落,艾滋病只是一种使少数人受折磨的疾病,是少数民族和同性恋者的疾病。据世界卫生组织最近作出的令人吃惊的估测,除非在艾滋病疫苗研究上取得非同寻常的快速的进展,否则,在今后五年内感染艾滋病的人数将比过去五年内感染艾滋病的人数多出十到二十倍,并预料这几百万艾滋病新患者中的大部分将是非洲人。

※ ※ ※

艾滋病迅速成了一个全球事件。当它在非洲(更不用说世界了)还远没有成为死亡的头号杀手时,不仅纽约、巴黎、里约、金沙萨在讨论它,赫尔辛基、布宜诺斯艾利斯、北京和新加坡也在讨论它。存在着一些著名的疾病,正如存在着一些著名的国家,不过,这些著名的疾病并不一定是那些患病人数最多的疾病,正如著名的国家并不一定是那些人口最多的国家。艾滋病也并非如某些非洲人士所尖刻地断言的,是因为侵袭了白人才变得如此著名。然而,以下这种说法无疑是有道理的,即倘若艾滋病只是一种非洲病,那么即使死了几百万人,非洲之外也几乎无人会关心它。它将是一个"自然"事件,正如饥荒一样,饥荒周期性地侵袭人口众多的穷国,而富国的人却对此爱莫能助。正因为艾滋病成了一个世界事件——这就是说,它侵袭了西方——它才不被仅仅视为一个自然灾难。它充满了历史意义(欧洲以及新欧洲国家的自我定义的一部分内容是,作为第一世界,它所发生的大灾大难都具有创造历史和改造历史的作用,而在贫穷的非洲或亚洲国家,这些大灾大难只不过是历史循环的环节,因而看起来像是自然的一部分)。艾滋病之所以变得如此众所周知,也并非如某些人所认为的,是因为它在富裕国家首先侵袭的是这么一群人:全是男性,几乎全为白人,其中许多人受过教育,能说会道,知道怎样游说和组织,以引起对艾滋病的公共关注,获得对艾滋病的公共投入。由于艾滋病被这样表现出来，它引起了我们对它的高度意识。它似乎成了所有那些降临于特权人口的大灾大难的真正原型。

生物学家和公共卫生官员所预测的前景，远比人们所能想象的或社会（以及经济）能够承受的要糟糕得多。当人们每天都读到艾滋病对艾滋病病例通报率最高的美国所造成的损失的骇人估算时，那些负责任的官员们对非洲的经济和卫生服务是否能应付艾滋病不久以后的扩散，谁都不抱哪怕一丝一毫的指望。据称，为今后数年间感染艾滋病的人提供的最低治疗费用也将是一笔惊人的数额（这笔钱似乎能为"普通人口"的安全提供担保，而医学界对此假设颇有争议）。在美国——当然不仅仅是在美国——有关艾滋病的言谈充满了民族危机的色彩，"乃民族存亡之大事。"去年，《纽约时报》的一位社论作者写道："我们都知道真相，我们每一个人都知道。我们处在似乎从未光临过我们这个民族的那场瘟疫的时代。我们可以假装它不存在，或只对别人才存在，我们的生活一如既往，似乎我们对此一无所知……"法国的一幅海报上则画着一团飞碟形状的巨大黑云，笼罩着下面那个熟悉的六边形国家，它被黑云蜘丝状的光线弄得昏黑一片。在这幅海报画上方，写着："抹去这片阴影，要靠我们每一个人。"(Il dépend de chacun de nous d'effacer cette ombre) 下方写着："法兰西不想死于艾滋病。"(La France ne veut pas mourir du sida)

此类标志间歇性地频繁出现于每一个大众社会，以呼吁大众动员起来，对付这场史无前例的威胁。可同样具有现代社会特色的是，这种对动员的呼吁太显笼统，而反响甚微，亦不足以迎接这场危及民族安全的威胁的挑战。不过，这一类的修辞有其自身的生命力：只要它不断传播与现代大众社会里公民追求财富积累和个人享乐的风气格格不入的共同行动的理想，那它就在为某个目标服务。

民族的生存，文明社会的生存，世界自身的生存，据说已处在危险中——此类危言，我们并不陌生，是出于压迫的目的而夸大某种疾病的神话建构的组成部分（紧急状态要求采取"严厉措施"，云云）。艾滋病所引发的这种末世色彩的修辞，势必夸大这种疾病。不过，这种修辞还另有用处。它提供了对大灾大难的一种隐忍的、最终将变得麻木的沉思。哈佛大学著名的科学史家斯蒂芬·杰伊·古尔德宣称，艾滋病流行可与核武器并列为"我们时代最大的危险"。然而即便艾滋病夺去了人类四分之一成员的生命——此一前景，古尔德并不认为不可能——"我们仍有大量的幸存者，我们可以重新开始"。大概是瞧不起那些道德家们的哀吟悲叹，这里来了一位理性的慈悲为怀的科学家，为我们提供了一种起码的安慰：一种没有任何意义的天启说。艾滋病是一个"自然现象"，而不是一个"具有某种道德意义"的事件，古尔德指出，"在艾滋病的扩散中，不存在任何启示。"当然，在道德评判的意义上赋予一种传染性疾病以意义，这委实荒谬。不过，如此不动声色地思考骇人听闻的大规模死亡，其荒谬性或许也只略逊一筹。

我们这个时代大部分善意的公共话语表达出了一种愿望，即直言不讳地谈论那些有可能导致全面灾难的种种不同的危险。现在，又多了一个危险。在海洋、湖泊和森林的死亡之外，在世界贫困地区毫无限制的人口增长之外，在类似切尔诺贝利核电站泄漏这种核事件之外，在臭氧层的穿孔和损耗之外，在超级大国之间的核冲突或某个不受超级大国制约的无赖国家的核攻击的永恒威胁之外——在所有这一切之外，现在加上了艾滋病。在一个千年行将过去之际，天启式的思考方式的兴起，看来在所难免。不过，艾滋病所激发的那种末日来临幻象的层出不穷，却不是日程表就能解释得了的，或甚至不是该疾病代表的那种真正危险所能解释得了的。此外，对"西方"社会来说，还存在着对大灾难场景的心理需求，这对美国来说尤其如此（正如某人所说，美国是一个有宗教心灵的国家——此乃福音派新教，老是宣扬所谓"断然的终结"和"崭新的开端"）。对想象中最糟糕场景的这种偏好，反映出了这么一种需要，即试图主宰自己对那些不可控制之物产生的恐惧。但它同样也反映出了与灾难的想象性同谋关系。对文化困境或文化衰败的感觉，使人油然而生一种欲望，要去荡涤一切。当然，没有人需要瘟疫。不过，它或许是重新开始的机会呢。重新开始——这句口号很现代，也很有美国味。

或许，艾滋病正在拓展人们的习性，使其对从核武器的储存和炫耀中展现出来的全球毁灭远景变得习以为常。伴随大灾难修辞的膨胀而来的，是大灾难的与日俱增的现实性。一个永恒的现代故事情节：大灾难隐隐迫近……然而，它并没有出现。它仍然在隐隐迫近。我们似乎处在一种现代大灾难的阵痛中。有一个还没有发生的大灾难，但其结果怎样，尚无人知晓：我说的是那些悬在我们头顶上、环绕整个地球的导弹，其核弹头能把地球上的全部生命毁灭很多次，但它们（到目前为止）还没有发射出去。有一些正在发生的大灾难，但其后果（到目前为止）似乎并不特别恐怖——如第三世界的巨额债务，如人口过剩，如生态破坏；还有一些似乎像是发生了但随后（被告知）并没有发生的大灾难——如一九八七年十月股票市场的崩盘被看作是"暴跌"，像一九二九年十月的暴跌一样，但后来又说不是暴跌。大灾难现在成了一出没完没了的连续剧：不是"现在的大灾难"，而是"从现在开始的大灾难"。大灾难已经成了一个既在发生、又没有发生的事件。一些最可怕的事件可能已经发生了，如导致环境的无可挽回的毁坏的那些事件。不过，我们对此尚无把握，因为标准变了，或者因为我们缺乏衡量灾难的适当指数，或者只是因为这类灾难进展缓慢（或感觉它似乎是缓慢的，因为我们了解它，能预见它；剩下的事是等着它发生，等着它赶上我们的预想）。

现代生活使我们习惯于与对灾祸的断断续续的意识相处，这些灾祸骇人听闻，不可思议，但我们被告知，它们极有可能发生。缠绕着每一起重大事件的，还不仅仅是再现这一事件的图像（随着一八三九年照相机发明而开始的复制现实的方式，现在看来，已经过时了）。除了图像或电子对现实的模拟外，还出现了对这些事件的最终结果的预测。现实少说也经历了两次分裂，裂为真实存在之物与其替代版本。既有事件，又有事件的图像。既有事件，又有事件的投影。不过，对人们来说，既然真实事件似乎经常与图像一样缺乏现实性，需要通过自己的图像来确认自身，那么，我们对事件的当下反应，就得采取与之相适的计算方式，从事件以投影的、终极的形式表现出来的心理影像中来确认事件。

"牵挂未来"是具有我们这个世纪特色的心理习惯和智力堕落现象，正如"牵挂过去"是十九世纪的心理习惯和智力堕落现象一样，如尼采曾指出的，它改变了十九世纪的思维方式。对社会进步和科学进步采取更复杂（可量化、可测定）的理解方式，势必就要附带地预测事态在未来如何演变。将事件精确地投影到未来，这种能力扩大了权力所由构成的那种东西，因为它为如何处置现在提供了大量新的指导。尽管这种对未来的观察为我们处置问题提供了多得难以想象的知识,然而它受制于线性发展的幻象,事实上变成了灾难的幻象。每一种进步都是一种展望,需要一种建立在统计数字基础上的预测。譬如说现在的数字是……三年后的数字是……五年后的数字是……十年后的数字是……当然,不会不去预测本世纪末时的数字是……历史或自然中一切可以被描绘成渐变的东西,都可以被视为是在朝灾难方向发展(无论是朝少之又少而且愈变愈少的方向发展,如衰减、衰落和熵,还是朝多之又多,甚至多得难以控制或吸收的方向发展,如不可控制的增长)。专家们对未来所作的大部分预测,在我们因现实的广泛图像复制而已然习惯的那种双重感之外,又加重了这种新的双重现实感。有正在发生之物,亦有它所预示之物,即行将来临然而尚未真实发生的不能真正控制的灾难。

这其实是两种灾难,其间存在空隙,想象力深陷空隙中,不能自拔。我们所经历的流行病与(通过当下的统计推断)预示给我们的流行病之间的差异,感觉就像是我们所经历的所谓"有限战争"与我们可能会经历的难以想象的更为可怕的战争之间的差异,这后一种战争(附加了科幻小说的种种描绘)像是电子游戏一类的活动,人们为了消遣而玩上了瘾。这是因为,在那种不可遏制地导致越来越多的死亡人数(国内和国际的卫生组织每周或每月就要发表此类统计)的真正流行病之外,是一种我们认为可能发生、也可能不发生的灾难,其性质不同,程度也更严重。卫生官僚和记者所发布的那些预测性统计显示出这么一个临时性特点，即那些最令人惊恐的预测被时不时地修改来，修改去，而现实什么也没被改变。正像人口预测一样，大消息总是坏消息。

有关非真实的（也就是说，不可控制的）世界末日来临的可能性的报道或预测大量涌现，导致了种种否定现实的反应。因而，在大多数有关核战争的谈论中，谁若持理性之论（即专家自己的描述），就意味着他不承认人类的现实，而谁若情绪化地谈到哪怕一点有关人类（即那些自认为受到威胁的人）所面临的险境的话题，就意味着他坚持不切实际地要求迅速解除危险。公众态度的这种分裂（分为不人性和太人性两类），在艾滋病问题上表现得没有这样明显。专家们斥责那些加诸艾滋病患者和据称是艾滋病始发地的非洲大陆之上的陈词滥调，强调艾滋病不只属于那些开始处于危险状态的人群，而且属于范围更为广大的人口，不只属于非洲，而且属于全世界。① 这是因为，尽管艾滋病与麻风病、梅毒一道顺

---

① "除非艾滋病在所有国家被阻止，它才能在每个国家被阻止，"总部设在日内瓦的联合国世界卫生组织行将卸任的总干事哈弗丹·马勒博士在第四届国际艾滋病会议（一九八八年六月，斯德哥尔摩）上称，而该次会议讨论的中心议题是艾滋病的全球性危机。"艾滋病这种流行病是世界性的，任何大陆都不例外，"法国艾滋病专家威利·罗森鲍姆博士说，"除非艾滋病在全世界每个角落都被征服，否则它就不能在西方被征服。"与全球责任的修辞不同，有关艾滋病的这些国际会议有一个特点，即艾滋病被看作是检验一个社会是否具有生存能力的达尔文式的标准，那些不能自我防卫的国家势必遭到淘汰。这种看法越来越为人们所知。德国艾滋病专家艾克·布里吉特·赫尔曼博士指出："在全世界许多地方，艾滋病将极大地改变人口构成，这一点已然显示出来，尤其是在非洲和拉丁美洲。不管怎样，一个社会若不能阻止艾滋病的扩散，那它的前景就不妙了。"

理成章地成了荷载意义最多的疾病,但显而易见的是,那种侮辱丑化艾滋病患者的冲动受到了牵制。艾滋病如此完整地汇集了人们对未来的最为普遍恐惧,以致一定程度上使得那些试图把艾滋病框定于某个离经叛道的人群或某个黑暗大陆的老一套做法看起来不合时宜了。

正如工业污染和全球金融市场新体系的后果一样,艾滋病危机显示了世界上但凡重大之事皆非某个地区、某个地方、某个范围之事,一切具有流传能力之物皆能流传开来,而任何问题都成了或注定将成为世界性的。商品在流通(包括通过电子传播的图像、声音和文件,它们是一切商品中流通最快捷的)。垃圾在流通:圣艾蒂安、汉诺威、梅斯特雷、布里斯托尔的有毒工业废料被倒在西非那些沿海城镇。人在流通,其规模前所未有。疾病也在流通。从优势人群为寻乐子和做生意自由自在地在各洲间飞来飞去,到劣势人群以史无前例的规模从村镇移民城市,从一国合法或非法地移民另一国——所有这一切身体流动和交互联系(其后果是古老的社会禁忌和性禁忌的解体),与商品、图像以及金融因素的顺畅流通一样,对发达资本主义或世界资本主义经济最大限度的运作至关重要。不过,如今,这种现代的既是个体、又是社会和结构性的高度的空间交互联系,成了艾滋病这种被描绘成危及人类种群本身生存的健康之害的载体;对艾滋病的恐惧与对其他正在显露的作为发达社会副产品的那些灾难的关注是一致的，尤其是那些显示全球范围环境恶化的灾难。艾滋病是地球村的反乌托邦先遣队之一，可地球村这一前景已然在目，而且总在眼前，无人知道如何抗拒。

※ ※ ※

甚至大灾难也似乎被当成了日常的期待视野的一个部分，这造成了一种无与伦比的激烈情绪，而这种情绪正在损害我们的现实感和人性。不过，特定的可怕疾病似乎成了日常疾病，这又非常可取。甚至连那种充斥极多意义的疾病也被当作只是一种疾病罢了。这种情形已经发生在麻风病上，尽管世界上仍有大约一千万的人患有这种现在被称为"汉森病"的疾病（自那位挪威医生一个世纪以前发现了麻风杆菌后，人们就以他的名字称呼麻风病，以此作为对这种疾病非戏剧化的一个部分），而且因为他们几乎全都生活在非洲和南亚次大陆而容易被人忽视。当人们对艾滋病有了更多的理解、最重要的是发现了治疗方法以后，这种情形也势必会发生在艾滋病上。就目前而言，在个人体验和社会政策方面，主要依靠夺取该疾病的修辞所有权，考察它是怎样被纳入论点和陈词滥调之中的，又是怎样被同化于其中的。使疾病获得意义（以疾病去象征最深处的恐惧）并使其蒙受耻辱的那个过程，相沿已久，似乎不可遏制，但挑战它总还是值得的，而且，在现代世界，在那些愿意成为现代人的人们中间，它的可信性似乎越来越有限了——这一过程现已处于审视之下。对于艾滋病这种带来如此之多的犯罪感和羞耻感的疾病来说，使其从意义、从隐喻中剥离出来，似乎特别具有解放作用，甚至是抚慰作用。不过，要摆脱这些隐喻，不能仅靠回避它们。它们必须被揭露、批判、细究和穷尽。

并非所有用之于疾病及其治疗的隐喻都同等地可憎，同等地扭曲。我最希望看到其销声匿迹的那个隐喻——自艾滋病出现后，这种愿望更为强烈——是军事隐喻。它的反面，即公共福利的医疗模式，就其影响而言或许更危险，也更为深远，因为它不仅为权威制度提供了有说服力的正当性，而且暗示国家采取压制和暴力（相当于对政体的为害部分或"不健康"部分施行外科切除或药物控制）的必要性。然而，军事意象对有关疾病和健康的思考方式的影响仍不可小觑。它进行过度的动员，它进行过度的描绘，它在将患者逐出集体、使其蒙受污名方面出力甚巨。

不，"总体"医学就如同"总体"战争一样不可取。艾滋病导致的危机也非"总体"危机。我们眼下并没有遭受侵犯。身体不是战场。艾滋病患者既不是在劫难逃的牺牲品，也不是敌人。我们——医学和社会——并没有被授予什么权力，来不择手段地进行反击……对军事隐喻，我有一言相送，套用卢克莱修的话来说是：把它交还给战争的制造者吧。

译后记

本书中译本依据的是纽约达博迪出版社一九九〇年版的《作为隐喻的疾病及艾滋病及其隐喻》(*Illness as Metaphor and AIDS and Its Metaphors, New York, Doubleday*),平装本第一版。中译本书名改为《疾病的隐喻》。在翻译过程中,作者苏珊·桑塔格女士寄来勘误表,对该版中少数几处地方作了一些修改。这些改动,译者在中译本相应处都已一一标注出来(见脚注部分的"译注")。读者在对读原文时,务必注意这一点。

译者

Susan Sontag
Illness as Metaphor
Copyright © 1977,1978 Susan Sontag
AIDS and Its Metaphors
Copyright © 1988,1989 Susan Sontag
Chinese Simplified Characters Copyright © 2018 by
Shanghai Translation Publishing House
All rights reserved

图字:09-2002-637号

图书在版编目(CIP)数据

疾病的隐喻 /(美)苏珊·桑塔格(Susan Sontag)
著;程巍译. —上海:上海译文出版社, 2020.7(2023.6重印)
(译文经典)
 书名原文:Illness as Metaphor & AIDS and Its
Metaphors
 ISBN 978-7-5327-8512-4

Ⅰ.①疾… Ⅱ.①苏… ②程… Ⅲ.①疾病—社会问题—研究—美国—现代 Ⅳ.①D771.289

中国版本图书馆CIP数据核字(2020)第093416号

疾病的隐喻
〔美〕苏珊·桑塔格/著 程 巍/译
责任编辑/管舒宁 装帧设计/张志全工作室

上海译文出版社有限公司出版、发行
网址:www.yiwen.com.cn
201101 上海市闵行区号景路159弄B座
杭州宏雅印刷有限公司印刷

开本787×1092 1/32 印张6.5 插页5 字数110,000
2020年7月第1版 2023年6月第5次印刷
印数:15,001—18,000册

ISBN 978-7-5327-8512-4/I·5237
定价:57.00元

本书中文简体字专有出版权归本社独家所有,非经本社同意不得转载、摘编或复制
如有质量问题,请与承印厂联系调换。T:0571-88855633